本书获内蒙古自治区科技厅自然科学基金项目（项目编号：

U0686202

多变环境下青少年常见心理问题的防治与实践

白银霞 等◎编著

九州出版社
JIUZHOUPRESS

图书在版编目（CIP）数据

多变环境下青少年常见心理问题的防治与实践 / 白
银霞等编著. -- 北京：九州出版社，2023.10
　ISBN 978-7-5225-2396-5

　Ⅰ. ①多… Ⅱ. ①白… Ⅲ. ①青少年—心理健康—健
康教育—研究 Ⅳ. ① G444

中国国家版本馆 CIP 数据核字（2023）第 202683 号

多变环境下青少年常见心理问题的防治与实践

作　　者　白银霞 等 编著
责任编辑　周　春
出版发行　九州出版社
地　　址　北京市西城区阜外大街甲 35 号（100037）
发行电话　（010）68992190/3/5/6
网　　址　www.jiuzhoupress.com
印　　刷　武汉鑫佳捷印务有限公司
开　　本　787 毫米 × 1092 毫米　16 开
印　　张　13
字　　数　186 千字
版　　次　2023 年 10 月第 1 版
印　　次　2023 年 10 月第 1 次印刷
书　　号　ISBN 978-7-5225-2396-5
定　　价　75.00 元

前　言

个体的发展嵌套于相互影响的家庭环境、学校环境、同伴关系、同胞关系、父母的工作环境，以及文化、亚文化和社会环境之中。随着时间的推移，个体在与这些环境的相互作用的过程中不断发展变化，从而呈现出阶段性的发展特点。随着经济社会和互联网文化的发展，当代青少年的发展呈现出新的特点。他们具有强烈的求知欲和学习能力，知识更新快；思维更加开放和包容，敢于尝试新鲜事物，敢于创新；具有丰富的兴趣爱好和多元的生活方式。随之，青少年也成为承载社会焦虑和压力的最薄弱环节，心理问题也尤为突出。本书通过案例的方式呈现青少年常见的问题行为以及家长、老师和社会对待这些问题的偏见和错误教育方式，分析隐藏在问题行为背后青少年的真实心理需求。在此基础上，探索身心变化、家庭、学校及社会等多种环境下，如何预防和干预青少年的问题行为。

本书共分为五章。第一章围绕青春期出现的特定发展问题展开，论述逆反心理、闭锁心理和青春期性心理。第二章围绕情绪问题展开，论述情绪冲动、焦躁不安、情绪多变、心浮气躁等发展性情绪问题，以及焦虑障碍和抑郁障碍。第三章围绕人际关系问题展开，论述亲子关系、同伴关系与同伴压力、拒绝社交，关注和警惕网络社交安全。第四章围绕与学习相关的心理问题展开，论述考试焦虑、厌学和因此带来的躯体化表现。第五章围绕常见的问题行为展开，论述吸烟、离家出走、旷课逃学、网瘾等比较常见的行为问题，以及偷窃、校园暴力、自伤自杀等严重的行为问题。

本书的成果有利于青少年、家长、教师以及政策制定者和决策者深入认识和了解青少年问题行为和心理需求之间的关联，有利于家长、教师以及政策制定者和决策者审视和反思教育中的错误应对方式，为促进青少年自身成长以及家长—学校—社会协同育人提供了方法和途径。

本书获白银霞主持的内蒙古自治区科技厅自然科学基金项目（2022YFSH0119）的资助，是整个写作团体的智慧结晶。编写分工如下：第一章由内蒙古医科大学成秀梅执笔，第二章由内蒙古第三医院白银霞执笔，第三章由包头医学院张文君执笔，第四章由内蒙古第三医院景兰执笔，第五章由内蒙古医科大学张媛执笔。尽管我们在编写过程中力求完美，并付出很大的努力，但鉴于编者与作者的能力和水平有限，书中观点难免存在偏颇之处，还请读者批评指正。

目　录

第一章　与青少年发展相关的问题

随着青少年生理和心理的发展，青少年在进入青春期后表现出一些特定的发展问题。他们出现了"人格逆反"现象，表现为冒犯顶撞家长和老师，甚至以反常的方式来表达自己的意愿或行为。他们出现了"自我封闭"现象，表现为不喜欢或不愿让别人了解自己的思想倾向和意图。他们出现了"青春期性心理萌动"现象，表现为内心产生对异性的向往，对性知识感兴趣并充满好奇心。他们出现了"早恋"现象，表现为争强好斗、排他、情意绵绵、不计后果、自认合理。正确认识和理解与青少年发展相关的问题，分析青少年在这些问题中的常见困扰，有助于家长和教师清晰了解青少年的发展特点，帮助青少年顺利度过青春期。

第一节　逆反心理

在进入青春期后，青少年的生理和心理的快速发展使得他们产生了强烈的成人感。在这一时期，青少年常以自我为中心的方式看待外界事务，因而出现了对父母和教育者的明显的叛逆、不服管教、抵抗权威及不合作等逆反心理。而逆反心理实质上是青少年的一种抵触情绪，正确识别和处理青少年期的逆反心理，能有效预防和纠正逆反心理带来的不良影响。

一、案例

【案例1】

小高，男，14岁，中等身材，性格内向，初二在读。他的母亲性格较为温和，对父亲言听计从。父亲专断强制，如果小高不遵守父亲的要求，父亲会对他进行打骂，而小高则始终敢怒不敢言。

进入初中后，小高学习兴趣不高，常把自己关在房间里上网聊天、玩游戏。他不允许父母进入自己的房间，一旦他们进入，他会立刻离家出走以示抗议。父子两人基本不交流，一旦有谈话，小高就会大发脾气。情急之时，父亲因看不惯儿子的种种表现，甚至会动手打小高。

因期中考试成绩不理想，老师叫家长去学校。小高的父亲放下手头的工作，匆忙赶到学校，见到小高的那一刻，父亲就变得很愤怒。与老师谈完后，在学校的楼道里，小高与父亲发生冲突，双方互不相让。情急之下，情绪失控的父亲当着众多师生的面，扇了小高一巴掌后便急行离去。还未等父亲走远，小高直接从四楼跳了下去，导致脊椎和下肢粉碎性骨折，成了高位截瘫患者。

【案例2】

小松，男，15岁，一直乖巧听话，学习优异，父母一直以他为傲。初三的某天，小松的父母接到班主任的电话，被告知在查看学校的监控时发现小松偷了同学的钢笔。这让老师和父母都感到困惑。为何一向温顺听话、对父母言听计从的乖孩子会如此性情大变、判若两人呢？

面对老师和父母的质疑，小松表示他想通过这种方式与父母进行抗争。他说："我已经做得很好了，但父母还是希望我做得更好，他们更喜欢他们期望中的我，而不是眼前的我。"母亲总是唠叨"要好好学习，不要玩手机""放学后要先做作业""要和学习优秀的同学交朋友""做人要诚实，不能撒谎""我所做这一切都是为了你好"。自进入青春期后，他开始萌发叛逆之心，对父母的管教方式和母亲每天的唠叨感到厌烦，总想与父母对着干以示抗议。然而，他内心却认为直接的抗议会让父母伤心，他们也会认为他是个"坏孩子"。长时间的压抑让他不知所措，他发现偷取他人物品可以缓解自己的压抑感。经深入了解后得知，在小松偷拿同学的钢笔之前，他还曾偷拿过自家楼下水果摊的苹果。

【案例 3】

小乌，男，15 岁，初三在读，从小娇生惯养，经常顶撞父母。进入初中后，他对不喜欢的老师也常评头论足，有时会无视课堂纪律，直接顶撞老师，慢慢地各科老师对小乌产生了不好的印象。有一次在数学课上，小乌与同学小黄发生争执，打了小黄。数学老师不分青红皂白直接训斥了小乌，并要求他写检讨。后来，班主任了解到问题出在小黄身上，而非小乌。数学课上，小乌专心解题，而坐在前排的小黄解完题后便和同桌大声说笑。小乌试图制止一次后，小黄仍然大声说笑，于是小乌直接打了小黄。由于数学老师的误解，小乌便开始与老师对着干。在随后的数学课上，小乌经常像一摊烂泥般趴在桌子上。这种行为再次引起了数学老师的反感，并当着同学的面训斥了小乌。于是小乌将数学书扔出了教室，并对数学老师大喊道："看我不顺眼，老子不学了！"

二、分析讨论

（一）逆反心理的界定

逆反心理最早由外国学者 Brehm 提出。Brehm 认为逆反心理是因个人的需求与客观环境不相符合或者不协调而产生的一种强烈的对抗心态。随着时间的变化，逆反心理的定义得到了不断的发展和完善，研究者区分出状态逆反心理和特质逆反心理。[1][2] 状态逆反心理认为逆反具有情境性和反应性的特点，是指个体的自由受到控制、限制或者一定程度的威胁时，个体所产生的一种内部动机状态。[3] 特质逆反心理则认为逆反不仅具有情境性还存在个体差异，是个体的一种稳定的人格特质，表现为个体在自主权和自由权的需求方面存在强度差异。[4] 我国学者朱智贤认为逆反心理是因个体的客观需求和主观需求得不到满足时而产生的对抗情绪。[5] 同时，也有学者认为逆反是一种思维习惯，具有单向和固执偏激的特点。当个体遇到问题时，这种思维方式使得个体无法客观准确地了解事物的本质，因而做出错误的行为。金盛华则认为逆反是因为外界刺激物的消极特征而诱发的个体非常规的反应。[6]

国内一部分学者认为逆反心理是青少年特有的一种现象，并认为12~18岁是青少年出现逆反心理的年龄。然而，事实上任何年龄段都有可能出现逆反心理。对于成年人来说，他们更多的是情感逆反和人生观逆反。由于这两种逆反的发生具有隐蔽性和非强烈性，因而不易被察觉。相比之下，孩子在成长过程中经历的逆反期更为明显，也更为强烈，因而更易引起关注和重视。例如，2~3岁出现的"幼儿叛逆期"，主要表现为认知逆反。这时幼儿开始体验掌控自己身体的感觉，并对自己的能力感到好奇。然而，

---

① Brehm S S, Brehm J W. *Psychological reactance: a theory of freedom and control* [M] . New York: Academic Press, 1981: 1.

② Cynthia A, Steibel E. ThomasDond. Personality characteristics associated psychological reactance [J] . *Journal of Clinical psychology*, 2001, 57 (7) : 963.

③ Brehm S S, Brehm J W. *Psychological reactance: a theory of freedom and control* [M] . New York: Academic Press, 1981: 1.

④ Cynthia A, Steibel E. ThomasDond. Personality characteristics associated psychological reactance [J] . *Journal of Clinical psychology*, 2001, 57 (7) : 963.

⑤ 朱智贤. 心理学大词典 ［M］. 浙江：浙江教育出版社，1986：366.

⑥ 金盛华. 社会心理学 ［M］. 北京：高等教育出版社，2005：343.

由于他们能力不足，常采用破坏的方式来判断自己的能力。因而会出现突如其来的怒意、坚决不从的挑衅、生龙活虎地东奔西走等现象。6~8岁出现的"儿童叛逆期"，主要表现为儿童急切地想向父母证明自己已经长大，想按照自己的想法行事，并且会尝试做每一件事情，不论对错与否。12~18岁出现的"青春叛逆期"，主要是人格的逆反，一般以报复心态为主。①这一时期，身体发育成熟，但心理还未成熟。青少年常遇到各种挫折，在矛盾和纠结中成长，情绪不稳定，可能出现"冒犯顶撞""不听话"的行为，甚至以反常的方式来表达自己的意愿或行为。

（二）逆反心理的类型

综上可知，每个年龄段都会出现逆反心理，只是逆反的内容和形式不同而已。相对而言，青春期的逆反持续时间更长，也更强烈，更易引起关注。对于青少年而言，逆反心理主要表现为以下几种类型。

（1）超限性逆反。它是个体过度接受特定刺激后出现的逃避反应。②当青少年接受过强、持续时间过长的刺激后，超出他们的承受能力和认知水平时，便会采取逃避措施或激发他们的逆反态度。例如，父母在家里总是唠叨孩子，"学生要以学习为重，不能打游戏"，这可能会引起学生的逆反心理。

（2）禁止性逆反。指不充分的禁止反而会激发人们更强烈的探究欲望。③④青少年具有较强的好奇心和求知欲，若没有充分的理由说服他们远离危险的事情，而是简单粗暴地进行制止，反而会激发青少年对该事物的探索欲。例如，简单地告知青少年不能玩电子游戏、不能早恋、不能喝酒抽烟，反而可能更容易激发他们去尝试这些事情。

---

① 马利琴. 叛逆期孩子的正面管教［M］. 北京：中华工商联合出版社，2019.
② 甘世梅. 青少年逆反心理的类型和对策探究［J］. 考试周刊，2019（34）：1.
③ 甘世梅. 青少年逆反心理的类型和对策探究［J］. 考试周刊，2019（34）：1.
④ 丁淑婧. 青少年逆反心理发生的实证研究［D］. 重庆：西南大学，2012.

（3）压迫性逆反。俗话说"哪里有压迫哪里就会有反抗"，故由字面意思可知，压迫性逆反指的是由于压迫而导致的逆反。青少年无比渴望自主和独立，因而家长高压强制的方法，很容易激发他们的反抗。因此，对于青少年的教育应避免使用强制的方法，而应充满耐心，采取多种方法以理解和说服他们，或是寻求专业人员的帮助。

（4）习惯性逆反。它是指不管青红皂白，一律对权威的要求进行反抗。即使这种反抗对自己不利，他们也坚持与权威对立。习惯性逆反往往在自幼缺乏权威管教的孩子或者因自身存在不良行为而被主流价值观排斥的孩子中更为常见。

（5）信度逆反。指中学生通过个人体会的不断积累，产生了对认知信息源头即教师的怀疑与不信任，因而采取消极抵制态度。[1] "狼来了"和"烽火戏诸侯"都是信度逆反的例子。

（6）情境逆反。指中学生的情感态度和情绪状态会随着时间段的推移、场合的转变而呈现出各异的特点，作为引导者的家长和老师如果不加以考虑这些外在因素对学生的影响，就会诱发他们的情感障碍，使得他们态度上走向叛逆、排斥。[2][3]

（7）自主逆反。指学生自身的主体地位和尊严受到了外界的挟制，本愿意配合引导者做的事情，却反而强硬的对抗，故意去做与之相悖的事情，引导过程中的自行其是、先入之见、独断专行都会使自主逆反得到震动，引导时机不对或者过于明显，自主逆反也会引发出来。

（8）评定逆反。指外界的评价对于中学生是很重要的一部分，但是自我的评价与外界的评价差别过大会导致评定逆反。[4][5] 老师和家长对学生

---

① 邱雯婷. 中学生逆反心理与父母教养方式的关系研究［D］. 重庆：西南大学，2009.
② 丁淑婧. 青少年逆反心理发生的实证研究［D］. 重庆：西南大学，2012.
③ 邱雯婷. 中学生逆反心理与父母教养方式的关系研究［D］. 重庆：西南大学，2009.
④ 丁淑婧. 青少年逆反心理发生的实证研究［D］. 重庆：西南大学，2012.
⑤ 邱雯婷. 中学生逆反心理与父母教养方式的关系研究［D］. 重庆：西南大学，2009.

过分表扬会使得青少年产生名不副实的感受，而过分的指责又会使青少年产生蓄谋找茬的感受，这些会衍生出抗拒和抵触的情绪。

（三）逆反心理的影响因素

1. 个体因素

（1）身心发展带来的必然结果

从生理发展的角度看，青少年的大脑飞速发育，使得青少年的认知能力发展，自我意识增强，思维方式从单一的思维向着多元、逆向和批判性的思维方式发展，这为逆反心理的产生提供了重要的生理和心理基础。[1] 同时，性发育的成熟使得青少年出现第二性征，强化了青少年的性意识和性别意识。身体上的成熟和自我意识的增强使得青少年产生强烈的"成人感"和"独立性"。他们认为自己已成"大人"，需要自己做决定和管理自己的事务，也渴望社会、学校和家长给予他们"成人"样的尊重和信任。[2] 因而会反抗长辈、家长和老师的管教和约束，甚至反其道而行。[3]

（2）心理需求不被理解

马斯洛的需要层次理论认为人类有五种需求，包括生理需求、安全需求、归属和爱的需求、尊重需求以及自我实现需求。这些需求以一定的层次出现，当低级需求得到基本满足后，会产生高层次的需求。这时低层次需求变弱，高层次需求变强并支配个体的意识和行为。进入青春期后，家庭可以满足青少年衣、食、住、行等基本的生理需求，学校和社会通过提供安全的生存环境可以满足安全的需求。归属和爱的需求、尊重的需求开

---

[1] 吴震. 青少年逆反心理的表现、成因与教育[J]. 安徽警官职业学院学报，2019，18（2）：116–118.

[2] 姚茹叶. 青少年逆反心理的表现、成因及疏导[J]. 卫生职业教育，2013（20）：147–149.

[3] 吴震. 青少年逆反心理的表现、成因与教育[J]. 安徽警官职业学院学报，2019，18（2）：116–118.

始成为主导。当这些需求未得到满足时，青少年可能会表现出敌意、傲慢、羞怯或恐惧等情绪。而这些情绪信号若未被父母接收理解并得到支持和保护时，青少年就会采用一些不成熟的方式表达自己的不满以缓解自己的情绪，从而使得青少年与父母之间产生隔阂和对立。[①]

2. 家庭因素

（1）不良的家庭教养方式

父母是孩子的第一任老师，相应地家庭环境成为青少年社会化的第一环境。家庭中的一些不良教养方式直接影响青少年的逆反心理。[②] 例如，家长专断独裁，忽略孩子的主体性，始终以家长的立场来对待孩子。在生活、学习等方面期望值过高、要求过严，无形中给孩子带来压力，导致孩子产生抵触心理。此外，强势的父母易在言行方面束缚孩子，使得孩子缺乏安全感，变得自卑、懦弱，甚至叛逆不羁、热衷暴力、不讲道理。

再如，溺爱型的父母对孩子的要求百依百顺，无条件、无判断地满足孩子的需求，用溺爱代替教育，养出自私任性、蛮横放肆的孩子。另外，溺爱型的父母注重孩子物质上的需求而忽视了他们的精神世界。虽然表面上看，家长爱孩子，但却无法深入了解孩子的内心世界，因而也可能引发逆反心理。

（2）不良的家庭氛围

良好的家庭氛围可以促进孩子的心理健康发展，而不良的家庭氛围往往是许多孩子叛逆的原因之一。诸如父母说话尖酸刻薄、对孩子打骂、言语暴力、频繁吵架互不理解、夫妻感情淡漠等都是不良家庭氛围的表现。夫妻感情淡漠表现为由于一些原因使得夫妻无法离婚而维系着婚姻关系。他们为了避免争吵而选择压抑情绪，或者与家人断绝交流，形同陌路。因此，当孩子出现叛逆行为时，父母有必要审视他们所创造的家庭氛围。

① 罗元. 初中生叛逆心理初步探究及应对策略［D］. 四川：四川师范大学，2013.

② 马利琴. 叛逆期孩子的正面管教［M］. 北京：中华工商联合出版社，2019.

（3）不良的亲子关系

当父母与孩子建立较好的依恋关系时，孩子会把父母的期盼看作自我表现的机会，因而也乐于接受父母的引导。[①] 但是当父母与孩子没有建立起良好的依恋关系，甚至是被隔代关系、同伴关系所取代时，父母的期盼对孩子来说可能成为一种压力。在父母管教孩子时，孩子会自动将父母排除在其重要他人之外或关系之外，将父母视为"陌生人"，而对于"陌生人"的命令他们可以选择不听从。因此，不良的亲子关系也就成为青少年叛逆的一个诱发因素。

3. 学校因素

除了家庭，学校也是青少年成长和社会化的主要环境，不良学校因素也会影响青少年的逆反心理。例如，老师的教学内容陈旧，采用"填鸭式"的教学方式，在教学过程中不尊重学生的主体地位，只注重成绩并挑剔学生的缺点而不注重培养学生的主动性、参与性、合作性及个体差异性。这会导致孩子采用苦学、厌学，甚至逃学的方式来对抗老师，以便争取自己得不到保障的主体性权利和自主性。

4. 不良社交

不良社交是导致青少年出现逆反心理的另一个重要因素。青少年在经历生理变化和心理变化的同时，也经历着重要的社会变化。他们开始远离父母的控制，更愿意与同龄或者年龄相近的伙伴进行交往，并且更易同与自己有相同兴趣、爱好、需求以及行为倾向的同龄人组成同辈群体。[②]

若青少年所处的是一个良好的同辈群体，他们相互影响、相互认同，可以积极进取、共同进步，从而促进彼此的成长；但如果青少年所处的同

---

① ［加］戈登·诺伊费尔德，加博尔·马泰. 每个孩子都需要被看见：0—18岁，给孩子一个更好的原生家庭［M］. 崔燕飞，译. 武志红，主编. 北京：北京联合出版公司，2019.
② 吴震. 青少年逆反心理的表现、成因与教育［J］. 安徽警官职业学院学报，2019，18（2）：116–118.

辈群体是一个有不良行为和价值观的群体，那么在相互作用的过程中易产生消极思想，出现不良行为，导致同伴导向的逆反心理出现。① 没有安全感的孩子、生活中缺乏正能量的成人作为榜样的孩子以及父母关系不良的孩子，更易受同辈群体的不良影响。在同伴导向的作用下，这些青少年常表现出顶嘴、不服从、不配合、躲避与自我封闭，甚至叫嚣"你管不了我"等逆反心理。②

再者，在同伴导向的作用下，青少年易被不良刺激和狭隘的江湖义气所吸引，甚至出现违法犯罪行为。③ 此外，若青少年与父母的亲子关系本身不良，在同伴导向的作用下，帮助孩子形成自主性的正常逆反心理往往会成为青少年疏远父母的理由，进一步破坏已经不堪的亲子关系，从而导致孩子发展独立自主的根基遭到破坏。

5. 社会因素

一些不良的社会因素也是诱发青少年产生逆反心理的一个重要原因。随着经济社会的发展，社会上出现贪污腐败、追求名利、以权谋私等不良社会风气，使得被灌输多元化思想的涉世不深的青少年在追求多元化的生活方式时易出现思想混乱和认识偏激。④ 他们会觉得老师课本上所讲的内容与社会现实并不一致，继而带着怀疑的态度审视周围的一切事物，认为现实世界"假、大、空"，继而助长了逆反心理的形成。互联网片面地夸大社会主义制度的某些不完善和资本主义制度的某些可取之处，有时甚至

---

① 马利琴. 叛逆期孩子的正面管教［M］. 北京：中华工商联合出版社，2019.

② ［加］戈登·诺伊费尔德，加博尔·马泰. 每个孩子都需要被看见：0～18岁，给孩子一个更好的原生家庭［M］. 崔燕飞，译. 武志红，主编. 北京：北京联合出版公司，2019.

③ 吴震. 青少年逆反心理的表现、成因与教育［J］. 安徽警官职业学院学报，2019, 18（2）：116-118.

④ 姚茹叶. 青少年逆反心理的表现、成因及疏导［J］. 卫生职业教育，2013（20）：147-149.

进行有意无意的反面宣传。[①] 此外，互联网上不良的、低级趣味的信息和短视频易让青少年上瘾，使得崇尚自由独立又缺乏自律的青少年内心充满矛盾，对其人生观、价值观造成了困惑，甚至误入歧途。[②]

（四）案例分析

结合上述对逆反心理的概念、类型及影响因素的分析可知，几个案例实际上都是逆反心理的表现。

【案例1】

1. 症状评估

案例1中的小高是典型的压迫性逆反，期中考试不理想而被叫家长成为父子间"悲剧"的导火索。

2. 个案概念化

小高一直生活在父亲专制型的教养方式中，一直以来父亲不允许他表达自己的想法。若小高不遵从便会武力加持，使他屈服。小高因惧怕父亲的权威也一直忍气吞声，不敢反抗。到了青春期后，由于生理上的成人感和内心对独立和自主需求的渴望，小高有意或无意地挑战父亲的权威。

父亲的强制态度和专制做法，导致小高逐渐形成了应对亲子矛盾或冲突的方式，即无声的反抗或者采用极端的方式。例如，独自在房间打游戏而不学习，不与父亲交流，发脾气，甚至离家出走。在此次悲剧中，父亲一心想"赢过"小高，试图控制或驯服他，而小高则试图挣脱父亲的控制，与父亲较劲。随着两人争吵的不断升级，父亲当众扇了小高一个耳光，使小高的自尊心彻底崩溃。最终小高选择了跳楼。原本活力四溢的少年成了

———————————

① 吴震. 青少年逆反心理的表现、成因与教育[J]. 安徽警官职业学院学报, 2019, 18（2）: 116-118.

② 吴震. 青少年逆反心理的表现、成因与教育[J]. 安徽警官职业学院学报, 2019, 18（2）: 116-118.

高位截瘫患者，只能躺在床上度过余生。

3. 干预策略

（1）自身方面

小高应与父亲进行积极沟通。对于小高来说，与父亲沟通是一个很艰难的过程。即使这样也应该试着去沟通，而非采取极端的方式进行反抗。小高可以在满足父亲的一些日常要求的前提下，合理地表达自己的诉求。如果实在难以沟通，可以寻求长辈（爷爷、奶奶或外公、外婆）或者老师的帮助，将自己的烦恼告知他们并请他们转达给自己的父母。父母往往难以倾听孩子的话语，但通常能够接受长辈或者老师的建议。

（2）家庭方面

首先，父亲应纠正自己的错误认知。应将小高视为一个独立的个体，而非自己的附属物。独立的个体应当具备独立的思考能力和自主选择的权利。父亲还应意识到小高已经成长为一个青少年，不再是婴儿或儿童，拥有独立意识。因此，不能再用简单粗暴的方式约束和限制小高。

其次，父亲应调整自己的教育理念。采用强制性教养方式的父母往往认为严格管教有利于孩子的健康成长，甚至会引用"小树不修不直"的说法。然而，他们却忽略了这种教养方式会导致孩子产生退缩、缺乏快乐感、自我调节和适应能力较差，进而出现难以控制的逆反、攻击甚至冲动行为，最终导致逆反心理的形成。

（3）学校方面

学生来自不同的家庭，每个家长的脾气秉性、素质修养、文化水平和教养方式各有差异，因此沟通的方式和方法也应存在差异。老师在告知父母孩子在学校的一些表现时，应充分了解学生的家庭情况和亲子关系状况，针对不同类型的家长采取相应的沟通方式。与像小高父亲这样的强制冲动型家长进行沟通时，应当肯定孩子的长处并给予真诚的赞赏和肯定，并以委婉的口吻提出孩子的不足之处，并提供教育子女的建议。

在充分了解学生后,再与家长谈论孩子。老师在与小高的父亲进行沟通时,不应笼统、泛泛地谈论此次期中考试成绩,而应围绕小高的性格特点、特长和爱好,以及学习中的表现进行客观而全面的评价,在肯定孩子的进步和优点后,再真诚地提出孩子的不足和改进办法。

【案例2】

1. 症状评估

小松是超限性逆反的一种表现。

2. 个案概念化

在进入青春期之前,小松乖巧听话,学习成绩优异,一直是令人羡慕的"别人家的孩子"。但进入青春期后,小松的生理和心理迅速成熟,促使他意识到应该发展自己独立的人格,过自己的人生。然而,小松的父母却没有意识到他的发展需求,依然每天唠叨着他"要好好学习,不要玩手机""放学后要先做作业""要和学习优秀的同学交朋友""做人要诚实,不能撒谎"。这种反复持续的刺激超过了小松的承受能力,于是他试图寻找与父母对抗的方式。然而,直接的对抗会让小松感到内疚,也破坏了自己"好孩子"的形象。因此,小松选择采用"偷东西"这一隐蔽的方式缓解内心的压抑感。

3. 干预策略

(1)自身方面

纠正错误认知。虽然小松偶尔的"偷东西"行为可以暂时缓解父母不停唠叨带来的压抑感。然而,"偷东西"已不再是简单的行为问题,而是个人品质问题。此外,随着对"偷东西"带来的快感的免疫,小松偷东西的次数也会越来越多,慢慢地可能成为一名"惯偷",影响其今后的生活和工作。当他成为名副其实的窃贼时,很可能走上违法犯罪的道路。

建立边界,减少内疚感。总体而言,小松与父母之间的关系一直很和谐,亲子关系良好。然而，在这段关系中，小松可能常常为了迁就父母而妥协。他需要学会正确地拒绝父母，对父母的"越界"行为说"不"，以便形成更加平等的亲子关系。首先，小松需要划定自己的边界，以明确区分哪些是自己的事情，哪些是父母的事情。其次，他需要摆脱自我否定的心理，认可自己具备独立的能力。再次，他需要耐心与父母真诚沟通，让他们了解自己内心真实的想法。最后，他需要正视自己在家庭中的角色，并明确作为家庭成员所应享有的权利和应尽的义务。

（2）家庭方面

建立适当期望，避免孩子过度内疚。健康人格的形成是一个从对父母的绝对依赖—相对依赖—分离—独立的过程。孩子在形成独立人格的过程中需要与父母分离，这种分离在潜意识中被看作是一种"背叛"。一方面，他们不愿意忍受父母的控制，一方面又强压怒火，担心怒火的释放会伤害到父母。因此，孩子陷入了矛盾的状态，甚至会痛恨自己。本案例中的小松就陷入了这种矛盾之中。一方面，他不喜欢父母的教养方式，想要反抗他们，但另一方面，他又担心自己的反抗会让父母伤心。这使得孩子感到内疚，若这种状况长期存在会使得孩子产生负罪感，从而全盘否定自己、攻击自己，甚至导致抑郁的形成。期望越高，孩子的内疚感就会越强。因此，建议小松的父母适当调整对小松的期望值，去爱眼前的这个小松，而不是去爱期望中的小松。

随着孩子的成长，需适当改变管教方式。一味想要控制孩子的父母，潜意识里都是"不愿意离开孩子"的父母，他们担心孩子的离开会给自己带来空虚感和无意义感，因此会想尽各种办法试图控制孩子。殊不知，这种控制会产生相反的效果，会加重孩子的"逆反"心理，甚至导致孩子的问题行为和心理问题的出现。事实上，在孩子人格成熟的过程中，父母与孩子的关系也发生着微妙的变化，即父母控制—父母与孩子共同控制—孩子自主控制。因此，建议小松的父母顺应孩子的心理发展规律，成为了解孩子心理的父母，适当地让孩子自己做主，相信孩子能掌管好自己的人生。

（3）学校方面

切勿以偏概全，随意贴标签。老师要意识到小松的"偷东西"行为只是其缓解成长压力的一种方式，并不表明小松在道德品质方面存在问题，小松并不是一个"坏孩子"，也不是"小偷"。班主任应保密，缩减知晓小松"偷东西"这件事情的人群，以免对小松的声誉带来负面影响。若有更多的同学和老师知晓小松"偷东西"的行为，作为班主任需要向同学们清楚地讲述事情的缘由。

【案例3】

1. 症状评估

小乌表现出的是信度逆反和评定逆反。

2. 个案概念化

首先，小乌对自己不喜欢的老师常评头论足，有时甚至无视课堂纪律，直接顶撞老师，这是信度逆反的表现。其次，小乌针对数学老师不分青红皂白的批评产生了消极抵制的态度，对于批评和指责表示不满，开始故意找茬，是评定逆反的表现。主要表现为上数学课时，小乌像一摊烂泥一样趴在桌子上，以示对数学老师的抗拒和抵触情绪。

3. 干预策略

（1）自身方面

首先，需要进行自我反省，规范自己的行为。小乌被数学老师误解而感到不舒服，但小乌顶撞、抵触老师并不是第一次。从案例的描述中可知，小乌经常对不喜欢的老师评头论足，这是不尊重老师的表现。因此，小乌需要反省和规范自己的行为。

其次，应积极与老师沟通，及时消除误解。小乌被数学老师误解并受到批评，小乌更多地考虑了自己的感受，并没有及时向老师澄清事情的原委。若小乌能够及时告知老师事件的起因和经过，将有助于消除误解。

（2）家庭方面

首先，倾听并接纳孩子的负面情绪。小乌对不喜欢的老师评头论足，可能是因为这些老师曾给小乌带来了不愉快的体验和经历。若父母因此责骂孩子，会让小乌感到父母不理解自己，进而加重对老师的反感情绪。相反，父母若此时能倾听并接纳小乌的负面情绪和感受，倾听小乌反感老师的可能原因。即使孩子不对也继续倾听，这会让孩子感到自己是被理解的。当指出孩子的不对之处时，孩子也会认真改正。

其次，告诉孩子可以不喜欢老师。当孩子向你表达反感某位老师时，不要强迫孩子去改变这种观念。而是告诉孩子："每个人都有优点和缺点，老师也不例外。你不喜欢这个老师，可能是因为老师的某个缺点所导致。然而，当你试着发现老师的优点时，你可能发现这个老师也挺可爱。"也可以告诉孩子："喜不喜欢老师是你的权利，没人会强迫你，但是你要学会尊重老师，因为这是你作为学生的义务。"同时，还可以告诉孩子："你不能因为老师批评你就不喜欢一门课程。老师批评了你，让你产生了不愉快的体验，其实你不是不喜欢老师，也不是不喜欢这门课程，而是不喜欢老师的这种批评方式。所以，你可以试着多与老师接触，让老师更多地了解你，老师下次就不会再这样批评你了。"

最后，家长要反思自己的教养方式。在本案例中，小乌的父母属于溺爱型的家长，常无条件满足小乌的要求，使得小乌变得自私任性、蛮横放肆不讲理，不尊重老师。

（3）学校方面

首先，避免先入为主，以偏概全。小乌的"臭名声"已在不同老师之间传播，因而当小乌与他人发生冲突，及小乌数学课上像一摊烂泥伏在桌子上时，数学老师先入为主，不分青红皂白地批评小乌。为了避免再次发生这种情况，老师一定要在尊重学生人格和充分了解事件的起因后，再针对性地进行批评教育。

其次，放下偏见，平等交流。小乌顶撞老师，错误并不完全在小乌，数学老师也犯了错误。一方面，老师误解了小乌；另一方面，老师在处理事情时有失公允，只训斥了小乌并让他写检讨，而未对小黄进行批评。对此，数学老师应该放下偏见，诚恳地承认错误，并向小乌道歉，争取小乌的原谅。这样不仅不会丢失数学老师的面子，反而会增加学生对老师的敬重。

最后，保持冷静，避免正面冲突。老师被学生顶撞时，很容易陷入尴尬的境地。此时，老师应该保持冷静，避免与学生正面冲突。相反，若老师与学生较劲，很容易使学生情绪失控，做出辱骂甚至殴打老师等更令人难堪的事情。在此案例中，当小乌摔书说"看我不顺眼，老子不学了！"时，老师应该克制自己的情绪，巧妙地找到解决的方法，以缓解紧张的气氛，也会让学生感受到老师的豁达胸襟，并由此产生钦佩之情。数学老师可以回答"哇，我才知道，老子穿越到咱们课堂上来了"。

第二节　闭锁心理

闭锁心理可以直接或间接地影响青少年的身心健康和发展。了解闭锁心理的同时分析导致闭锁心理出现的原因，有助于家长采取正确的应对方式，进而减少闭锁心理的不利影响。

一、案例

【案例1】

小童，女，16岁，初三。小童性格内向、敏感多疑、易情绪化，近期成绩急剧下滑，与母亲的关系非常紧张。经深入了解得知，小童的学业成绩在初一之前一直很优异。然而，进入初二后，小童变得沉默寡言，也不愿意与母亲交流，常说："我不愿意与同班同学交朋友，感觉自己与他们不是一个世界的人，他们都太幼稚了，完全不了解我。"小童在现实世界中找不到懂她、理解她的知心朋友，偶然的机会小童接触到网络小说。在阅读小说的过程中，她常常与主人公产生共鸣，认为小说中发生的事情也是她所遇到的困惑，在网络小说中她找到了那个懂她、理解她的人。于是，小童开始尝试自己撰写小说，倾诉她内心的所思所想。然而，母亲认为小童没有专心学习，将她所写的小说全部删除。为此，小童与母亲大吵一架。

二、分析讨论

（一）闭锁心理的定义

闭锁心理是指个体将自己与外界隔绝，很少或根本不与他人进行交流，除了必要的学习和工作以外，大部分时间都待在家里，不与外界往来。青春期闭锁心理是指个体不喜欢或不愿让别人了解自己的思想倾向和意图，它是青少年从不成熟走向成熟的标志。

进入青春期后，青少年往往会失去儿童期的直率，不愿与他人袒露心扉，变得孤僻。常常拒绝他人干预自己的事情，即使是最亲近的人也会困难重重。例如，原先常在母亲面前滔滔不绝、言无不尽，现在变得沉默寡言，不愿意与母亲交流；喜欢将自己的所思所感、发生的事件记在日记上并上锁，不允许他人翻看自己的信件、日记，私拆自己的包裹；常想一个人独处不愿结伴同行；不喜欢打斗嬉闹，时常沉思、静想；遇到事情更愿意自己尝试解决，不再不假思索地寻求帮助；渴望与他人交谈，但又苦于找不到可以交心的挚友；情绪波动大，常莫名地感到烦躁、孤独；不想依附、顺从父母和老师，常厌烦他们的行为、抵触他们的管教；对他人的评价尤其同伴的评价十分敏感，自我反思和自我评价也会增加。[1][2]

闭锁心理的产生有助于探索"我是谁""我来自哪儿""我将前往何方"这些最本源的问题，有助于青少年反复捕捉真正的自我，深刻认识和反省自我，形成正确的自我意识，继而促进自我的健康成长、人格更为健全。另外，闭锁心理有助于发现自己能力上的不足，从而激发自己刻苦学习、潜心学业、发展智慧和精神世界。然而，严重的闭锁心理会不利于良好人际关系的建立、易结交不良朋友、易出现心理健康问题并导致性格缺陷。

（二）闭锁心理的原因

1. 个体因素

（1）生理成熟前倾与心理成熟滞后的矛盾

一般而言，青少年生理成熟在先，心理成熟在后。身体的快速发育、第二性征的出现，性机能的发育成熟，使得青少年具有强烈的成人感，也随之带来性意识、性体验及性冲动的发展，这些会促使青少年产生神秘不安的复杂心理但却又不知如何应对。[3]随着生理的成熟，青少年接触的社会环境和社会关系也变得更为复杂。然而，心理成熟滞后，使得青少年的人生观、世界观和价值观远未形成。因而，生理和心理发育的不同步性，使得青少年虽是成年人但却以幼稚的方式在处理和应对社会的变化，为此带来更多的困惑和心理负担。

（2）不能协调自我意识的发展与社会要求之间的矛盾

自我意识迅速地产生和发展促使自我认识、自我体验以及自我控制的发生和发展。然而，青春期自我的迅速发展是漫长自我发展的一个开始，

---

① 李争平，王爱莲. 青少年心理健康测试治疗与调适［M］. 北京：京华出版社，2007.

② 李石华. 青少年最想问的 60 个心理问题（最新珍藏版）［M］. 北京：金城出版社，2009.

③ 李争平，王爱莲. 青少年心理健康测试治疗与调适［M］. 北京：京华出版社，2007.

带有很大程度的不成熟性和幼稚性。[1][2] 独立自我的发展意味着与社会道德法律规范、父母和老师的期望、所处环境的要求相违背、相抗衡、相斗争，因而常感到不被理解和认同，产生焦虑、烦躁、封闭、抵触等闭锁心理。

（3）思维水平的发展

在青春期，由于个体生活范围的扩大、实践活动的增加以及大脑机能的发育完善，思维水平得到了明显的发展和提高。思维的独立性、批判性、敏捷性、灵活性、广阔性和深刻性都随着视野的开阔、外界信息的刺激而得到一定的发展。头脑中思考的问题比以前多了。这也是产生闭锁心理的一个原因。

2. 家庭环境与家庭条件因素

父母采用民主型的家庭教养方式，父母关系和谐、家庭幸福的青少年表现出较少的闭锁心理。相反，父母采用放任溺爱型、专制型的教养方式，父母关系疏远甚至紧张、家庭充满矛盾冲突的青少年则表现出较多的闭锁心理。此外，家庭条件较困难的青少年与家庭生活优越的青少年往往互相看不惯，甚至互相瞧不起。并且，许多家庭环境较差的青少年，往往有一种夸大的、强烈的自尊，害怕别人瞧不起自己，讨厌别人的夸赞与施舍，有时甚至连别人无意中谈到他人的家庭，真诚地给予帮助时也会产生一种受辱的感觉，最终导致彼此之间互相产生隔阂。

3. 学校因素

在校学习成绩尚好、师生关系融洽与友好、同学间亲密并有很多朋友的青少年表现出较少的闭锁心理。而学习成绩差、师生关系紧张与对抗、缺少知己的青少年则表现出较多的闭锁心理。

---

① 刘晓明. 学校心理咨询百科全书·方法卷［M］. 长春:吉林人民出版社,2000.

② 李石华. 青少年最想问的 60 个心理问题（最新珍藏版）［M］. 北京:金城出版社,2009.

（三）案例分析

【案例1】

1. 症状评估

小童感到她所生活的现实世界中，无人理解和懂得她内心的所思所想。她敏感多疑、易情绪化。青春期前，经常与母亲交流一些事情，到青春期时则很少与母亲交流。小童开始从网络世界中寻找可以与其产生共鸣的人，但这一行为影响到了她的正常学习和生活。种种迹象表明，小童出现了闭锁心理。

2. 个案概念化

表面上看，小童与母亲有意拉开距离，沉迷于网络小说之中。实际上，这是因为青春期的到来，小童出现了闭锁心理。她既希望能够向他人敞开心扉，又害怕别人能洞悉她的心理，知晓她的秘密。偶然接触到网络小说之后，她发现在虚拟的世界中，现实世界的矛盾可以得到很好的解决，因而她沉迷其中。

3. 干预策略

（1）自身方面

帮助小童认识什么是闭锁心理，闭锁心理有哪些具体的表现，对我们的生活和学习会产生哪些积极影响和消极影响。

（2）家庭方面

首先，尊重和理解孩子。强烈的自我意识促使青少年产生了成人感。因而小童的母亲应该将小童作为独立的成年人看待而非小孩子，尊重小童的隐私和劳动成果。

其次，父母放下自己的身份，学会与小童交朋友。在与小童交流时，不仅谈论学习，也谈谈青春期的青少年常见的困惑和感受。

最后，多带小童参与外出活动，开阔眼界。可以带孩子旅游、共进晚餐或参加一些有意义的活动。让孩子在参加活动的过程中，开阔眼界，舒缓内心的敏感情绪。

（3）学校方面

开展青春期心理健康教育，系统讲授闭锁心理的典型特征和表现，并教授学生解决闭锁心理的一些方法和途径，必要时提供心理辅导和心理干预。

第三节　青春期性心理

进入青春期后，除了身体迅速发育外，心理也会随之发生许多奇妙的变化，使得青少年对与性有关的问题感兴趣，产生青春期性心理萌动，出现手淫、性梦，对老师产生爱慕之情，"早恋"，甚至出现不良性行为现象。青春期的孩子易从简单的性心理好奇到随时有可能发生性行为，甚至出现无保护措施的性行为、意外怀孕、人流及性侵害案件。"早恋"也使得老师、家长和学生之间形成对立矛盾关系，加剧对抗冲突，影响师生关系和亲子关系。因此，正确认识和理解青少年的性心理萌动并实施正确的性教育，分析青少年恋爱中的常见困扰，有助于更清晰地了解青少年的发展特点。

一、案例

【案例1】

小李，男，16岁，初三，一直以来都是父母引以为傲的孩子，然而最近，小李看起来精神涣散。经过深入了解得知，小李在洗澡时，不经意间揉搓到阴茎时产生一种快感，持续揉搓后阴茎里射出了乳白色的液体。他不知道这是怎么回事，当时被吓坏了。洗完澡后，迫不及待地上网查询后才知道自己这是手淫。这一次经历之后，晚上睡觉时，小李总会情不自禁地触碰自己的下体，渴望得到快感。频繁的手淫让小李事后很自责、懊悔，觉得自己道德败坏，但又抑制不住再次手淫。最近，小李感觉常常头晕、易疲乏、注意力不集中、记忆力减退、厌食。再次上网查询得知，这些都是频繁手淫导致的。小李为此很害怕，担心自己会因频繁手淫而精尽人亡。

【案例2】

小许，男，14岁，初二，母亲反映最近常被小许吭吭唧唧的声音惊醒。一次，母亲忍不住推门进入，听到小许小声呼唤着小美的名字，且满面潮红。小美是小许的邻居和发小，他们经常一起上学。母亲叫醒小许并询问："怎么了？是不是做噩梦了？"小许却支支吾吾地说道："我梦见和小美一起去上学，突然有辆汽车冲过来，我迅速地挡在了小美的前面。"接下来的几个晚上，小美又再次出现在小许的梦境中，他甚至梦到偷偷地亲了小美。为此，小许感到非常苦恼，以前经常和小美一起上下学、一起玩耍，但不知为何最近小美总出现在自己的梦里，最主要的是自己在梦里还亲了小美，白天见到小美时不知道如何面对小美。

【案例3】

小西，女，16岁，初三，学习成绩优异。最近，小西收到了同班同学写给她的"情书"，询问她是否愿意做他的女朋友。小西认为自己年纪太小，不是谈恋爱的时候，但又不知如何拒绝该男生。她害怕拒绝这个男生后，会导致男孩恼羞成怒，因爱生恨报复自己。为此，小西感到非常苦恼，已经影响到自己的学习和生活。

【案例4】

小君，男，15岁，初三，成长在单亲家庭中，与父亲一起生活，家庭条件较好。小君性格开朗、风趣幽默，班级里有很多女生都很喜欢他。最近，小君发现自己对语文老师产生了不一样的情愫。语文老师虽然是刚刚毕业的大学生，但她博学多才、才华横溢、端庄大方、总是穿着得体的长裙。

小君在上课时很认真地听老师讲课，但是他并不是在专注地听老师的授课内容，而是常常盯着老师一张一合的嘴巴看，心里产生了无法抑制的喜欢之情。

【案例5】

小晴，女，17岁，高二。某天晚上放学后，小晴与一个男生并排走出校门并有说有笑。走出校门口不远，两人便手拉手走起来。走到两人即将分手的岔路口时，两人拥抱后各自回家。殊不知，整个过程都被小晴的父亲看到。父亲为了小晴的面子，强行控制自己未上前质问小晴。回到家，便将此事告诉小晴的母亲，且愤怒地喊道："跟男同学搂搂抱抱、拉拉扯扯像什么样子，再让我看见这样的事情，我直接打断她的腿。"此时，正好小晴推门进入，父亲质问道："那个男孩是谁？你们是不是在谈恋爱？我告诉你，赶紧跟他撇清关系，否则不让你上学。"小晴面对父亲的质问也不甘示弱，冲着父亲大喊："你管得着吗？我就要和他谈恋爱。"父亲忍无可忍，一个巴掌扇过去，小晴的脸颊立刻被印上鲜红的手印。这个突如其来的巴掌让小晴愣住了，父亲还是第一次打她。回过神后，小晴跑到房间里将房门反锁，痛哭起来。父亲还在门外不停地叫骂着。接下来的几天，父亲仍对小晴不依不饶，强迫小晴与男生分手。小晴一直默默忍受，没有回应父亲的指责。突然有一天，母亲发现小晴放学之后并未回家，仔细检查小晴的房间发现少了很多衣物，才意识到小晴与男孩私奔了。

【案例6】

小梅，女，15岁，初二。由于家庭生活困难，小梅的父母常年在外打工，小梅一直与外婆相依为命。外婆去世后，小梅被父母接到身边继续读书。陌生的城市和学校生活，让小梅感到很不适应。原本英语一度是小梅的强项，但是常因自己的发音中带有乡村口音，被同学取笑。慢慢地，小梅的学习成绩大幅下滑。虽然生活在父母的身边，但是小梅觉得自己很孤单，没人能理解自己。母亲对小梅的异常表现并未给予关注，反而经常与她发生争吵，指责她不理解父母的辛苦和背井离乡的不易。

转入新学校半年后，因为不适应，小梅越发对学校生活产生了抗拒，便辍学在家。辍学后，因父母对小梅疏于管理，小梅结交了一些社会上的不良青年，早早地开始谈恋爱，并与多个男朋友发生了性行为。慢慢地，小梅发现自己身体出现了不适感，私密处经常瘙痒难耐。因缺乏妇科方面的知识，小梅以为自己染上了艾滋病，非常恐惧，甚至觉得自己快要死了，但又不敢告诉母亲。因过于担心，小梅寝食难安、晚上也易做噩梦，白天无精打采。母亲注意到小梅的变化后，带她去医院就医，检查发现小梅并没有感染艾滋病，而是感染了多种HPV病毒。

二、分析讨论

（一）青春期性心理萌动的界定及表现

由于生理和心理的迅速发育，处于青春期的青少年内心产生对异性的向往，对性知识产生浓厚兴趣、具有性欲望和性冲动。有的青少年常表现为上课走神，不能专注于学习；有的青少年会控制不住自己的情绪，给异性同学写"情书"，模仿电视和电影谈情说爱；有的青少年相互或单方对异性同学或老师表示倾慕；有的青少年出现莫名其妙的烦躁、娇羞、多愁善感、忧伤；有些青少年会出现手淫、性梦，对老师产生爱慕之情，早恋，等情况；有些青少年虽然无上述典型表现，但时常会一连多日烦闷不安，对什么都不感兴趣，睡眠较差，影响了正常的学习和生活。[1]

性心理的产生是内在和外界各种因素作用于大脑皮层的结果。首先，神经系统和内分泌系统的发育促进青春期性生理的发育。大脑皮层通过神

---

[1] 袁之敏. 初中青春萌动期教育研究［J］. 中国教育学刊, 1990（4）: 59-61.

经系统直接或者层级的方式控制性腺。[①] 后者是主要的控制方式，形成了下丘脑—垂体—性腺轴促发性激素的分泌，进一步促使附性器官和第二性征发育、成熟，并维持加强其功能，进而出现带有明显性别心理特征的第三性征。[②] 其次，社会文化意识（社会形态、民族习惯、信仰、宗教、文化艺术、科学、社会伦理道德）、个人性文化意识、个体所处性环境及个体性体验等作为外界因素对个体的性心理的形成产生了重要的影响。[③]

（二）有关性心理发展的理论

了解性心理发展的相关理论，有助于提升对青春期性心理的认识。

1. 弗洛伊德性心理发展阶段理论

弗洛伊德的性心理发展阶段理论将性心理发展分为五个时期。[④][⑤]

口腔期（0~1.5 岁）。在口腔期，婴儿通过咬来获取口唇的快感，对一切事物都用咬的方式进行认知。如果这个阶段孩子咬东西的行为受到了阻碍和限制，可能会留下不良的影响。

肛门期（1.5~3 岁）。在肛门期，婴儿主要通过憋尿和憋屎感来获得原始欲力的满足。此时幼儿如厕训练对他们的发展至关重要。如果强行把屎把尿，可能会留下不良的影响。

性器期（3~6 岁）。主要通过性器官的刺激来获得满足，喜欢用手触摸自己的生殖器官，能分辨男女性别，处于俄狄浦斯期。

---

① 赵雪. 高中生性心理健康影响因素及对策分析［J］. 长春教育学院学报，2012，28（2）：2.

② 李兆源. 有关青春期性心理萌动的新认识［J］. 当代青年研究，1989（4）：38-40.

③ 赵雪. 高中生性心理健康影响因素及对策分析［J］. 长春教育学院学报，2012，28（2）：2.

④ 赵雪. 高中生性心理健康影响因素及对策分析［J］. 长春教育学院学报，2012，28（2）：2.

⑤ 李进宏. 当代大学生心理解读［M］. 武汉：武汉理工大学出版社，2003.

潜伏期（6岁至青春期潜伏的状态）。6岁以后，儿童的兴趣逐渐从自己和父母身上转移到周围的人，从原始欲力来看是潜伏的状态。这时儿童的同伴关系比较多，但呈现同性与同性之间玩的趋势。

两性期（青春期以后）。男孩的青春期约在13岁，女孩的青春期约在12岁，这个时候身体发育迅速，两性差异逐渐明显。开始憧憬爱情，有了婚姻家庭的意识，性生理、心理逐渐发育成熟。

2. 埃里克森的心理社会发展理论

埃里克森将自我意识划分为八个阶段，每个阶段循序渐进，都非常重要。[①]

婴儿期（0~1岁），信任和怀疑的心理冲突。这个时期的婴儿无论是生理需求还是心理需求，都是最需要父母的，如果给予了良好的养育，婴儿的安全感就建立得很好，也会产生信任的情感。

儿童期（1~3岁），自主与害羞和怀疑的冲突。这个时期的儿童开始有自己的意愿。希望自己能够独立完成任务的同时，也会需要父母的帮助，就会陷入自己的意愿和父母的意愿之间的冲突，这个时候父母要适当地给予帮助，更要给他们自由。

学龄初期（3~5岁），主动对内疚的冲突。这个时期的儿童想象力很丰富，活动能力也更加灵巧。这个时期父母要多鼓励孩子想象和努力，如果经常限制和取笑孩子，儿童就会产生内疚的感受。

学龄期（6~12岁），勤奋对自卑的冲突。这一时期的孩子通过努力学习、探索世界的方式来获得成就感，更加勤奋，一旦走向社会遭遇到挫折，就会产生自卑感。

青春期（12~18岁），自我同一性和自我同性混乱的冲突。适应得好，就会获得自我同一性。这个时期的青少年需要更好地给自己定位，学会适应社会。

成年早期（18~25岁），亲密对孤独的冲突。这个时期的青年开始寻

---

① 梁宁建. 普通心理学［M］. 北京：开明出版社，2012.

求他人一起建立亲密关系，如果没有找到，就会感到孤独。

成年期（25~65 岁），繁殖对停滞的冲突。这个时期的人家庭与事业都已经建立，如果生活满意度比较高，幸福感高，就会比较好。否则，可能会出现中年危机。

成熟期（65 岁以上），自我完善与绝望的冲突。这个时期的人开始回忆过往，如果对于之前的人生比较满意，就会自我整合，反之就会陷入绝望感。

3. 赫洛克青春期性心理发展阶段理论

赫洛克将青春期性心理分为 4 个时期。①②

疏远异性的性厌恶期（12~14 岁）。儿童进入青春期后，面临自己身体和心理的变化。对于这些未知的变化，会有不安和羞耻感，对恋爱持消极态度，于是会倾向于同性交往，与异性疏远、冷淡。

向往年长异性的牛犊恋期（14~16 岁）。随着性生理、性心理的发育，青少年除了对同性关系的依恋以外，开始憧憬与异性的关系，注重自己的穿着打扮，希望异性能够关注自己。

接触异性的狂热期（17~19 岁）。这个时期青少年开始创造机会与异性接触，希望能够建立关系，但由于这个时期的青少年都比较自我，所以冲突是比较多的，也会经常更换想要接近的对象。

青春后期的浪漫恋爱期（20 岁以后）。这个时期的青年开始只关注一个异性，对其他异性的注意力开始减少，会憧憬家庭和婚姻，参加集体性的活动。

---

① 尹可丽，高松，高飞. 心理学基础［M］. 北京：高等教育出版社，2018.

② 童小婷. 高中生青春期性心理状况调查及性健康教育策略研究——以兰大附中为例［D］. 武汉：华中师范大学，2018.

（三）青少年常见的困惑与表现

1. 生理变化带来的困惑

进入青春期之后，女孩的身体会发生显著的变化。例如，臀部堆积了更多的脂肪，胸围越来越大，使得胸部展现出曼妙的身形。在胸部发育的过程中，有些女孩可能会感到胸部比较胀痛，从而产生不适感，尤其是在月经初潮或者月经到来之前，这种不适感会增加。月经到来也会增加腹部的不适感。此外，女孩的腋窝和阴部会长出毛发，这在心理上可能让她们感到困扰。实际上，这些毛发起到保持隐私部位干燥和润滑的作用，以免隐私部位的皮肤因为摩擦而受到伤害。

进入青春期后，男孩会发生外在的生理变化。例如，身高体重猛增、长胡须、喉结突出、声音改变。同时，也会发生一些隐藏的生理变化。例如，性梦、性幻想、遗精等。对于这些改变，大多数男孩了解的不多也不懂，因涉及隐私也不好意思向父母询问，会使男孩陷入尴尬的情境中，不知道如何面对。

2. 与异性交往问题

随着生理的发展，青少年的性心理也随之发生变化，孩子们从两小无猜开始意识到男女之间有别。相比男孩，在青春期早期成熟更早的女孩开始进入异性疏远期。她们不再像小时候那样无所顾忌、无拘无束地与男孩一起玩耍，而是在一段时间内会与男孩刻意保持距离并疏远男孩。度过异性疏远期后，男孩与女孩都进入青春期中期和末期，性意识出现萌芽和发展，使得他们彼此又对异性产生好感，想要和异性亲密接触。

3. 手淫或自慰

手淫也被称为自慰，是一种在人类中较为常见的行为。手淫通常指对自己的生殖器官进行刺激从而获得性唤起或性快感的行为，这是性意识发展和性需求的表现。① 手淫在不同年龄阶段有不同的表现形式和发生的频率。例如，男婴大约在 6~7 个月，而女婴约在 10~11 个月时便会无意识地进行手淫。儿童期会逐渐明白手淫是隐秘的事情，在与同龄同性之间玩耍时可能会进行一些涉及性心理方面的游戏，继而对身体进行探索。

进入青春期后，生理和心理的剧烈变化使得青少年开始面临性的发育和成熟。随着性激素分泌的增多，男孩和女孩出现了各自特有的第二性征。男孩出现射精，而女孩出现月经。自慰或手淫的频率也随着年龄的增长而增加，此时的手淫也从无意识变成有意识的行为，并与性有关。然而，此时青少年并不一定能够准确认识到性是正常的生理反应。相反，受到传统思想、父母和成年人观念的影响，青少年会认为手淫是错误的，是一种堕落行为，应该受到道德谴责。因而他们害怕被父母发现，并对手淫产生强烈的羞耻感。每当进行手淫之后，他们内心会感到异常痛苦且充满压力。

4. 性梦

性梦是具有性内容的梦境，通常指随着生殖器官的发育成熟及第二性征的出现，在睡眠中有时会出现具有性色彩的梦境。② 这些梦境可以达到性满足或者出现性冲动和高潮。③ 性梦本质上是不受控制的潜意识活动，是青少年进入青春期后出现的正常的、自然的生理和心理现象。④ 进入青春期后，青少年开始出现对性的好奇和对异性的向往，但由于学习等原因使得青少年的性意识处于一定程度的压抑状态，因而不可避免地在睡眠中会以性梦的方式得以表达。尤其是在喜欢上某个异性之后，性梦会更加频繁。随着对性知识的积累和性欲的满足，性梦会逐渐减少但不会完全消失。

---

① Casad B J, Bryant W J. *The SAGE encyclopedia of psychology and gender* [M]. Sage publications, 2017.

② 刘启珍. 中学儿童家庭教育指导［M］. 武汉：华中科技大学出版社，2014：24.

③ ［美］威廉·L. 雅博，芭芭拉·W. 萨亚德，布莱恩·斯特朗，等. 认识性学［M］. 爱白文化教育中心，译. 北京：世界图书出版公司北京公司，2012.

④ 慧杰. 青少年叛逆心理学［M］. 北京：当代中国出版社，2019.

性梦的发生对青少年具有积极和消极的影响。从积极的角度看，性梦是性生理逐渐成熟的反映。适度的性梦有助于缓解因性压抑而产生的焦虑情绪，利于青少年的身心健康发展。从消极的角度看，过于频繁的性梦会影响青少年的身体发育，会影响睡眠的质量和第二天的学习。男性在性梦的过程中会出现阴茎勃起，而女生会出现阴道湿润的现象。这些是自然的生理现象，青少年不必为此而产生羞愧感。部分青少年常将性梦看作是下流的现象，因而当他们做了性梦之后会非常害怕，甚至产生紧张恐惧的情绪。

5. 不良性行为

随着青少年性意识的觉醒，青少年开始关注两性之间的差异，并对两性之间的关系产生兴趣。青少年渴望了解异性、开始追求异性并亲近异性。在这一过程中，他们容易冲动、喜欢冒险，在自控力较低的情形下会发生性行为。尤其随着网络的普及，青少年从网络获取性知识的比例和人数显著增加。

6. 早恋

在中国，"早恋"是一个备受关注的教育问题，但教育实践与学术研究过多地强调了其负面影响，而对其积极影响关注不足。而西方发达社会不视早恋为问题，亦无相应研究，与国内差异巨大。[①] "早恋"的界定应以青少年的生理、心理和社会意识等为依据，而不能将早恋与中学生恋爱之间画等号。[②] 若以中学中的恋爱为划分的依据，"早恋"现象似乎在目前我国的中小学教育实践中日益凸显。一般而言，"早恋"是指青少年未达到社会成熟状态，尚不具有婚姻承担能力而进行的情感交往活动，一般

---

① 刘录护. 城市青少年的逃学与拒学研究：一个群体社会化的解释框架——以广州市的个案研究为例［J］. 青年研究，2012（6）：1-12，92.

② 施旖旎. 早恋的话语空间研究：1979—2015［J］. 中国青年研究，2016（9）：44-49.

集中于中小学阶段。^①事实上，学生恋爱只是为满足情感需要而进行的情感交往活动。

"早恋"具有以下特点：争强好斗排他性，这是区别友谊和爱情的主要标志；情意绵绵依恋性，表现为"相见时难别亦难"的依恋情结；不计后果欠理性，表现为情感强烈但肤浅，认识模糊欠理智；自认合理随意性，表现为认为自己是成人，谈恋爱是天经地义的事，无可指责，一旦被干预会很反感，故意顶牛。^②

（四）案例分析

【案例1】

1. 症状评估

小李因出现频繁的手淫，无法自控，精神涣散。

2. 个案概念化

表面上看，偶然刷到的短视频让正处于青春期的小李染上了频繁手淫的习惯。实际上，是小李已经进入青春期，其性意识开始萌芽和发展，产生对性的渴望而导致。

3. 干预策略

（1）自身方面

进行性生理、性心理和性道德的指导。让小李认识到手淫是正常的生理和心理现象，对此不必过于紧张和焦虑。但是频繁手淫会对身体发育、学习产生消极影响。

生活规律、加强运动，发展兴趣爱好，增进同学间的交流。建议小李

---

① 孟馥，姚玉红，刘亮，等. 从出生到独立：写给父母的养育心理学［M］. 北京：人民邮电出版社，2021.

② 张朝琼. 析"早恋"的心理特征及疏导对策［J］. 贵州师范大学学报（社会科学版），2005（4）：122-124.

制定合理的作息时间表并严格执行。每天进行有氧运动，早晚各一小时。可以参加学校的一些社团活动，发展自己的兴趣爱好，并增进与同学间的交往。

（2）家庭方面

端正态度，纠正错误认知。父母要认识到进入青春期的男孩进行手淫是正常的生理和心理的表现，并不是孩子道德品质恶劣。父母应该透过手淫行为，了解孩子性心理发展所处的阶段和此期间的新需求。[①]

坦诚地与青少年谈论性，进行性知识教育。有的父母受传统观念的影响，认为与孩子谈论性是一件很羞耻的事情，因而会刻意回避这个话题。殊不知，真诚地与孩子谈论性知识，可以有效减少青少年因冲动而导致不良后果的概率。在本案例中，小李的父亲应该向小李介绍遗精、手淫及卫生保健方面的相关知识。

（3）学校方面

结合人体认知的相关内容开展自慰方面的性教育，帮助儿童青少年正确认识性体验、树立正确的性价值观，促进青少年身心健康发展。

【案例2】

1. 症状评估

小许因最近做梦时总出现小美而不得其解，且在做梦的同时小许还伴随着满面潮红的生理反应。

2. 个案概念化

表面上看，小许与小美经常一起上学，两人接触的时间较多，因而小美常出现在小许的梦境中。

实际上，进入青春期的小许潜意识里很喜欢小美，想与小美亲近，但在平时交往中因较为熟悉没有察觉到。但在睡眠时自我放松警惕，被压抑

---

① 慧杰. 青少年叛逆心理学［M］. 北京：当代中国出版社，2019.

的潜意识通过梦这种伪装的方式进行表达。因此，在夜晚意识较低的睡眠中，小许自然还是会想着小美，也就会不知不觉地梦到小美。同时，从症状描述可知，小许的梦并不是普通的梦，而是青春期常出现的性梦。

3. 干预策略

（1）自身方面

纠正小许对性梦的认识。告知小许在性梦中与自己喜欢的异性交往并产生"愉快"感是正常的。同时，告知小许初次与异性进行交往并对梦境中的性对象而羞涩，也是正常的心理反应。不需要因性梦产生"害怕""厌恶"的心理态度，也不必形成"不道德"和"罪恶的"认知。当频繁做性梦时，可以寻求父母的帮助。

（2）家庭方面

作为父母，应提前进行性教育。性是孩子成长过程中必然要面对的问题，不要过于担心孩子太早知道性知识会对孩子产生误导。相反，知道得早，在遇到相应的问题时才不会一头雾水，不知所措，避免形成错误的认知。

【案例3】

1. 症状评估

处于青春期的小西因收到异性同学表达的爱慕之情而苦恼。

2. 个案概念化

在当今的社会中，许多青春期的孩子通过电视、网络、短视频等媒体接触到有关恋爱的信息。受到这些信息的影响，难免会对爱情产生强烈渴望，也会跟风去写"情书"表达对意中人的爱意，或者被别人投递"情书"而感到苦恼。[①] 正所谓"少年不识愁滋味，为赋新词强说愁"。处于青春

---

① 孟馥，姚玉红，刘亮，等. 从出生到独立：写给父母的养育心理学［M］. 北京：人民邮电出版社，2021.

期的青少年，被别人喜欢应该是一件很高兴的事情。然而，对于小西来说却是不幸的事情。首先，小西是初三的学生，深知目前的主要任务是学习，所有的心思也集中在学习上。异性同学表达的爱慕之情干扰到小西的学习和生活，这让小西很苦恼。其次，小西因不知道如何拒绝异性同学而苦恼，她害怕她的拒绝会导致异性同学的报复。

3. 干预策略

（1）自身方面

首先，让小西认识到被男生表达爱慕之情，并不是一件糟糕的事情，反而说明小西很优秀。其次，让小西认识到，并不是所有的男生都会恼羞成怒，也没有必要为此过于担心。再次，建议小西注意自己的态度，不要藐视该男生或者在言语上进行侮辱。最后，建议小西恰当地拒绝他，尊重他的同时也会赢得对方的尊重。

（2）家庭方面

首先，作为家长可以帮助小西分析被异性同学喜欢的原因，让小西认识到是自身拥有的一些优秀品质吸引了他人的注意。若是因为优秀的品德而引起他人的关注，则鼓励小西继续保持善良、乐于助人的品质；若是因为出色的学习成绩而引起他人的关注，则鼓励小西勤奋好学；若是因为良好的气质而引起他人的关注，则鼓励小西继续修身养性；若是因为阳光友善的性格而引起他人的关注，则鼓励小西保持乐观的态度；若是因为较好的外部形象而引起他人的关注，则鼓励小西保持整洁清爽的外表。总之，让小西明白是这些品质使得自己散发迷人的光芒，不仅吸引了这位异性同学的注意，可能还会吸引其他人的注意，因此不必为"情书"所扰，更不要让其成为心理负担。

其次，家长需要给予小西足够的支持和指导。进入青春期之后，青少年会面临许多情感的挑战，也是在不断地识别这些情感的过程中逐渐成长。家长在此过程中给予的支持和指导有助于健康情感观的建立。在本案例中，家长可以帮助小西识别异性同学对其的感情可能只是情窦初开的好感而非真正的爱情。

最后，家长可以建议小西与异性同学成为异性好朋友。每个孩子感情成熟的节奏不同，很容易效仿身边的同龄人开始谈恋爱并觉得谈恋爱是一件很酷的事情。父母应该引导和帮助孩子区分友情和爱情，使得孩子更加清晰地对待爱情并收获珍贵的异性友谊。

【案例4】

1. 症状评估

小君表面上在认真听语文老师讲课，实际上在观察老师。

2. 个案概念化

表面上看，是语文老师的气质和才华吸引了小君。实际上，处于青春发育期的小君，因对恋爱产生了兴趣和注意，也想要恋爱，因而对语文老师产生了特殊的情感，即"师生恋"。

3. 干预策略

（1）自身方面

帮助小君科学地认识师生恋。依照赫洛克的性心理发展阶段理论可知，青少年进入牛犊恋时期，会对特定的年长异性产生倾心和爱慕之情，而小君的"恋师情结"就是牛犊恋的一种表现形式。同时，青少年处于脱离父母的管教而求自立的心理断乳期。在这一时期，他们茫然而无助。相比父母，老师每天与他们朝夕相处，也更易成为青少年答疑解惑的对象。因此，在潜意识中，青少年很容易对某位老师产生崇拜、信任及微妙的爱慕情感。从小君的成长经历看，小君对语文老师的这种情感可能单纯的出于崇拜，也可能是因为小君在单亲家庭中成长，从小缺少母爱所致。

（2）家庭方面

父母发现小君有师生恋情后，切勿打骂、羞辱，应该与孩子积极沟通，了解孩子喜欢老师的原因。在本案例中，若小君是因为母爱的缺失导致对异性的语文老师投注了特殊的情感，产生了移情。家长可以多与老师沟通，帮助小君走出困境。

（3）学校方面

尊重学生的情感。师生恋是青少年发展过程中出现的一种阶段性的心理表现，应该予以尊重和保护。

避免利用权力对学生产生伤害。在师生恋中，老师因自身地位的优势，往往比学生更有主动权。作为老师应遵守师德师风的要求，端正自身的位置，务必将师生关系保持在工作范围之内。

【案例5】

1. 症状评估

小晴与男同学互生爱慕之情，两人有拉手、拥抱等亲密行为。小晴的行为在父亲看来就是早恋并严令禁止。小晴强烈对抗父亲的压制，并选择了离家出走。

2. 个案概念化

表面上看，因父亲采用极端的方式压制小晴和男孩之间的关系，导致小晴离家出走。实际上看，小晴正处于性意识发展的重要阶段，对异性间的交往产生了兴趣，并通过言谈举止表达出对异性的喜欢。小晴的行为在父母看来是越轨的。然而，在小晴看来这些都是她强烈成人感的体现而已。父亲的强令禁止是对小晴独立意识和成人感的挑战，因而使得原本只是彼此喜欢、相互爱慕的两个人陡然生出叛逆之心，不惜为爱而离家出走。

3. 干预策略

（1）自身方面

切记有所为有所不为。父母之所以担心和反对早恋，主要是害怕孩子把持不住自己而发生性行为和怀孕，从而对青少年的身心造成不可逆的影响。而且从本质上看，早恋更多地是一种好感而非真正的恋爱，是一种非常懵懂的感情状态。因此，作为青少年一定要明白，在与异性交往的过程中有些行为是有所为的，然而有些行为尤其性行为是不可为的。

（2）家庭方面

尊重和理解孩子的需求。进入青春期后，孩子对异性产生好感并喜欢接近异性是生理和心理发展的必然结果。因此，作为父母应该坦然接受这一现象，并尊重孩子的发展需求。

避免使用简单粗暴的方法。作为父母一定要保持冷静，千万不要不分青红皂白否定和反对孩子，否则会形成反向的推动力使孩子更加执着。[1] 若是一味地反对，会让青少年觉得这事根本不能、不敢或者不愿意跟家长谈，这使得青少年遇到问题的时候就不会求助父母，可能对青少年造成一些无法补救的伤害。[2] 相反，若家长能理性地看待青少年的早恋，并与他们建立良好的关系，让他们在家庭中体会到足够的温暖，并保持良好的沟通，这份踏实感会削弱其他诱惑的力量，进而降低他们谈恋爱的可能性。此外，无论孩子是否恋爱，家长若能保持开放的态度，也会减少早恋对青少年产生的不利影响。

（3）学校方面

学校积极开展心理健康的培训与教育，帮助学生认识早恋的实质和特点，帮助学生识别"喜欢""好感""恋爱""爱情"的相同点和不同点，帮助学生充分认识早恋的危害和负面影响。引导学生树立正确的恋爱观、增强自我保护的意识。

【案例6】

1. 症状评估

小梅因与多名男性发生性关系，导致她感染了严重的妇科疾病，因对疾病认识不清，影响了她正常的生活。

---

[1] 慧杰. 青少年叛逆心理学［M］. 北京：当代中国出版社，2019.
[2] 慧杰. 青少年叛逆心理学［M］. 北京：当代中国出版社，2019.

2. 个案概念化

小梅因外婆的离世、不良的亲子关系，以及对新学校的学习生活适应不良等诸多因素的影响，导致她的学习成绩下滑，并逐渐对学习生活产生厌倦。因小梅与父母关系疏远，及父母对小梅疏于管理，使得离开学校后的小梅可能从不良青年那里得到了安全感和归属感，使得她与这些人很快成为了好朋友，并发展为男女朋友的关系。但是小梅因自身的心理不成熟，以及对性知识和性行为的危害认识不足，在与多个男朋友发生性关系后感染了多种 HPV 病毒，患上了严重的妇科疾病。

3. 干预策略

（1）自身方面

给小梅与父母提供有效沟通的方法。小梅一直与外婆生活，因而与父母的关系相对疏远。外婆去世后，小梅不知道如何将曾经寄托在外婆身上的情感转移到父母身上。因此，可以建议小梅尝试与父母一起做家务、做饭，从而慢慢地与父母进行交流，建立关系。

需要告诉小梅先关系后行为。从小梅与多名男性发生性行为这一点推测，小梅陷入了一个怪圈，即与男生交往是以性行为为基础的。殊不知，这样的两性关系并不稳定。健康的两性关系首先应该以亲密关系为基础，其次应该以结婚为目的。

规劝小梅回归学校。从案例的介绍可知，小梅的学习成绩并不全无可取之处。因此在本该学习的年龄，规劝她重新回到学校才是当前的主要任务。同时，还需对小梅进行学习方面的辅导与干预，重新激发她对学习的兴趣。

（2）家庭方面

建议家长学习科学的性教育观念，并向小梅普及性知识。家长因受传统观念的影响，不好意思与孩子讨论有关性方面的话题。有些家长甚至认为孩子长大了自然而然就知晓了。殊不知，等孩子们真正懂得时，已经因为之前的无知做了很多的错事，甚至已经危害到身心健康。古人云："养其性于童蒙。"因此，家庭担负着对孩子进行性教育和普及性知识的重任。可以通过网络或学校了解预防艾滋病、性病、妇科疾病方面的一些知识，并将这些知识传递给小梅。

（3）学校方面

联合医院对学生进行性知识和不良性行为方面的讲座，内容主要围绕性行为常隐藏的疾病有哪些？得了这些疾病之后常见的心理问题有哪些？如何预防和治疗这些疾病。

第四节　与青少年发展相关问题的干预

一、对青少年逆反心理的干预

（一）家庭的角度

1. 正确认识逆反心理

父母要认识到逆反心理是一种正常的反应，无论亲子关系好坏，所有的孩子都会有逆反心理。与父母关系亲近的孩子，通常是父母施加压力过大而导致的逆反，且每次的逆反心理持续的时间较短。因此，在教养的过程中，父母不应将自己的意愿强加给孩子。

此外，父母要学会识别正常逆反与同伴导向的反抗。正常逆反，其目的是追求独立并真正实现独立。同伴导向的反抗，孩子追求自由是为了迎合同伴，而不是为了促进自己的发展。若孩子发现自己的感受和想法与同伴不同，他会选择压抑和伪装。① 例如，对于晚归的孩子，家长需要清楚晚归是孩子自己的想法，还是为了迎合朋友。孩子对于晚归的原因是否愿意与父母讨论。是否会尊重父母的意见。从孩子的回答中可以判断晚归的孩子是属于正常独立的需求的逆反，还是同伴导向下的屈服的逆反。只有明确逆反行为的类型，才能清楚地知道如何指导孩子、如何教育孩子，从而帮助孩子实现真正的独立。

2. 用心理解孩子的感受

学着站在孩子的立场用心体会孩子的感受，而不要成为孩子的对立面。每个人都有自己做事情的逻辑，但成人往往拿自己做事的逻辑去推测孩子的逻辑，往往没有看到真正的孩子。因此，在孩子遇到挫折和困难的时候，可以试着从以下几个方面去记录分析，以便去除偏见，更好地理解孩子。孩子的行为、情绪和表情、语言以及造成上述变化的可能原因是什么？孩子的可能需求是什么？你的回应和行为是什么？孩子对你回应的反应是什么？具体发生了什么事情，事件的持续原因又是什么？事件的结果如何？对此你的观点是什么？

3. 尊重独立意识并将孩子当作成人来看待

每个人的身体里都有叛逆因子，只是在不同年龄阶段有不同的表现而已。对于处于青春期的青少年来说，叛逆心理更加强烈，叛逆行为更令人费解。因此，作为父母，除了需要正确认识青少年的逆反行为外，更为重要的是要真正尊重孩子的独立意识并把他们当作独立的个体对待。

首先，尊重孩子的独立意识。处于逆反期的青少年在行为上具有独立性和幼稚性并存的特点。他们内心渴望独立，但行为表现上稍为幼稚。作为家长，不应只看到或指责孩子的幼稚表现，而应尊重孩子的独立意识，为他们提供和创造更多的锻炼、独立思考和独立选择的机会，以促进独立

---

① ［加］戈登·诺伊费尔德，加博尔·马泰. 每个孩子都需要被看见：0—18岁，给孩子一个更好的原生家庭［M］. 崔燕飞，译. 武志红，主编. 北京：北京联合出版公司，2019.

性的发展。

其次，将孩子当作成人对待。虽然在父母的眼里，孩子永远都是长不大的。但对于青少年而言，若父母一直以对待婴幼儿、儿童的方式对待他们，易引发他们的反抗行为。但若父母能够将关注点从吃穿用转移到"成人式的朋友关系"的交流中，青少年会感受到父母对他们的尊重和重视，也会变得比较配合。

4. 处理好夫妻关系利于良好家庭氛围的营造

孩子最早是通过父母之间的相处方式来了解家庭和婚姻，良好的夫妻关系是家庭和睦的基础，而夫妻关系不良和家庭关系的错位是导致一切家庭矛盾和不和谐的主要原因。

首先，避免将孩子作为不幸婚姻的替罪羊。婚姻是成年人自己做出的选择，即使有时为了孩子而选择不离婚，也应该意识到这是为人父母者自己的决定，切忌将责任归咎于孩子。成人要为自己的选择负责，而不是将不幸的婚姻归咎于孩子。

其次，要处理好夫妻关系与其他关系的顺序。夫妻关系应高于亲子关系，配偶应该将彼此放在第一位，子女排在第二位，将夫妻关系作为核心，这才是良好的婚姻关系。一个家庭中，若将亲子关系置于首位，会导致"妈宝男""丧偶式婚姻""婆媳矛盾"以及第三代教育等问题的出现，也会导致子女压力剧增，减弱孩子的自主能动性和决策能力等。然而，当夫妻关系排在第一位，就会避免上述很多问题发生。因此，如果父母相爱，然后父母一起爱孩子，就会营造出有利于青少年健康成长的家庭氛围。

5. 父母充当向导满足孩子的依恋需求

父母与孩子之间的良好依恋关系有助于孩子认可并依赖这一关系以解决所遇到的问题，也有助于父母及时察觉并积极有效地回应孩子的内心需求。在良好的亲子关系中，父母是孩子的安抚者、引导者、榜样、老师和教练。然而，父母与孩子之间不良的依恋关系会促使孩子对祖父母或同伴产生依恋，进而对亲子间的情感形成竞争，削弱父母的权威，淡化父母的爱。在不良的亲子依恋关系中，孩子的依恋需求得不到满足，这时候孩子往往会自动依赖最具破坏力的同伴关系。这一关系会导致孩子不再相信父母，不再将成年人视为导师或榜样。一旦青少年在同伴间的"教育"中长大，会变得更加逆反，成为管不住、教不会、长不大的孩子。

同伴关系是孩子成长中必不可少的关系，但不能让同伴关系成为具有导向作用的关系。这是因为同伴本身不成熟，无法为自己确定正确的方向，更不可能引导他人；同伴无法帮助青少年认识自己并指出发展中的错误，无法引导青少年区分现实与幻想，无法引导孩子制定目标和实现目标。总之，父母应该与孩子建立良好的依恋关系，孩子的教育应该以父母为导向，并在引导同伴关系正常发展的过程中进行，切莫让同伴成为孩子的主导，让同伴感情取代亲子感情。

（二）学校的角度

1.配备良好的教学设施

学校需要配备多媒体教室、计算机等先进的教学设备，配备音乐室、美术室、图书馆、科技实验室等设施。这不仅可以满足教育的需求，提高教学效果。[1] 更为重要的是，为学生提供更多、更丰富的文化、艺术、科技环境，激发学生的学习兴趣和爱好，促进学生的全面发展，杜绝"以成绩为中心"的教育对学生产生不利影响。

2.建立良好的师生关系

这不仅有助于保证课堂教学的有效性，还可以促进师生之间的信任，让学生感知到老师对其的关爱，愿意向老师倾诉自己的烦恼和困惑，从而促进学生建立正确的价值观和人生观。[2]

---

[1]　安妍.中学生逆反心理的表现及疏导策略［J］.科学技术创新，2010（18）：150.

[2]　任积荣.浅析中学生逆反心理的成因及对策［J］.中国校外教育，2010（S2）：1.

3. 开展课外活动增加生活经验

可以采用走访、做志愿者、社会调查或者社区实践等方式，开展丰富多彩的课外活动。这些活动可以增加学生的生活经验，增加学生接触社会的机会，缩小青少年理想与现实的认知差异；可以培养学生的良好道德品质，提升学生的组织协调和管理能力；可以增加学生展现自我的机会，以获得同伴的尊重与赞赏，老师和家长的认可。①

4. 注重对同辈群体的教育和指导

青少年正处于社会化的关键时期，而同辈群体为其社会化提供了逐步融入和适应社会的场景。俗话说"近朱者赤"，同辈群体对青少年的发展具有积极的促进作用。同辈群体可以满足青少年的情感交流的需求，可以拓宽个体的知识面并提供必要的环境支持，有利于培养青少年的竞争和合作意识，有利于青少年角色社会化，而对同伴群体的规范的认同有助于促进青少年对社会规范的学习和遵守。②

然而，同辈群体也可能发挥"近墨者黑"的作用。例如，群体内价值多元化，易导致青少年价值取向错位；同伴群体存在盲目性，易促使发生极端行为；群体内的亚文化可能与社会主流文化规范相悖，导致对社会主流规范的认同失败。因此，在易受同辈群体影响的关键期，注重对同辈群体的教育和指导，可以营造积极和谐的氛围，促发同辈群体的积极作用。③

（三）家—校—社联合合作

家—校—社联合构建关爱孩子的良好环境对于缓解青少年的逆反心理具有积极意义。第一，政府和各社团组织有义务为青少年的成长创造良好的环境，兴建文化设施满足青少年成长的需求。第二，新闻媒体在宣传报

---

① 徐峰. 中学生逆反心理的表现成因及对策［J］. 学校党建与思想教育：中，2012（3）：2.

② 娄雪. 试论同辈群体对青少年的影响［J］. 青年与社会（下），2013（11）：1.

③ 任积荣. 浅析中学生逆反心理的成因及对策［J］. 中国校外教育，2010（S2）：1.

道时要精挑细选、注意信息的积极性，宣传积极向上的文化和思想以创造良好的舆论环境。第三，社区可以联合学校开展家长课堂或家长学校，围绕青春期青少年的生理、心理发展特点及常见问题，以及家长常见的错误教育方式等，开展相应的培训和讲座，引导家长与孩子之间建立有效的沟通，以互相了解彼此的需求。

最后，班主任与家长要积极沟通，及时关注和了解孩子在不同成长环境中的表现。当孩子与老师在学校发生冲突时，父母需要保持冷静，并与老师和孩子分别进行沟通。在与老师沟通时，可以先表达对老师的歉意，再询问事情的经过。在与孩子沟通时，首先要关注孩子的情绪，然后处理孩子的问题。换句话说，在安抚好孩子后，再了解事情的来龙去脉。

二、对青少年闭锁心理的干预

（一）家庭的角度

作为家长要与时俱进，及时更新自己的教育观念和教育理念，避免简单粗暴的教育方式对青少年产生不利影响。同时，需要了解孩子的成长规律，以及每个阶段的心理特征和心理需求，并及时满足孩子的发展需求。

（二）学校的角度

学校教育应注重课堂教学、社会实践和体育锻炼的结合，以满足不同青少年的发展需求和发展环境，让每个青少年都能看到自己的优点和长处，通过扬长避短的方式，可以有效地避免闭锁心理的负面影响。

三、对青少年性心理的干预

青春期是人生一个重要的发展阶段，既是生殖系统、性发育的关键时期，也是正确性观念、有责任感的性与生育行为确立形成的重要时期。①② 因此，需要认识到青春期性心理萌动是青少年身心发展的必然结果，并在此基础上做好青少年的性指导与性教育，这有助于促进青春期青少年身体、心理的全面发育，同时还有利于培养青少年确立正确的性行为和性伦理道德，是促进青春期生殖健康的重要措施，也是提高国家人口质量需要的基础。③

（一）家庭的角度

1. 正确对待并引导异性交往

家长需要认识到异性之间的交往必不可少，异性之间也可以发展友谊，异性之间可以取长补短，促进孩子更好地发展。④ 例如，在与男性同学的交往过程中，因为男生神经粗犷、心胸开阔，可以有效避免女生因小心眼和敏感而产生矛盾和争执；因为男生较为理性，可以开拓女生的思路，使其变得大方，不斤斤计较。然而，进入青春期后，很多孩子都不愿意与异性相处。因为在这样的交往过程中可能成为他人嘲笑的对象，或者招来闲言碎语。在与异性交往时，要注意保持距离，不要过于亲近。还可以与更多的异性相处，以避免闲言碎语或他人的嘲笑。

2. 引导孩子树立正确的恋爱观和择偶观

青少年易出现早恋，早恋对象的行为特征将对青少年的婚姻观和择偶观产生影响。因此，作为父母一定要告知青少年，尤其是女孩，平时给你带零食、给你倒杯水、夸你长得漂亮、给你写封感人的情书等并不是选择

---

① 魏克江. 对中学生"青春期"性心理的护理［J］. 北京教育（普教版），2007（7）：87-88.

② 慧杰. 青少年叛逆心理学［M］. 北京：当代中国出版社，2019.

③ 余小鸣. 青少年的性指导与性教育［J］. 实用妇产科杂志，2005，21（12）：718-720.

④ 慧杰. 青少年叛逆心理学［M］. 北京：当代中国出版社，2019.

人生另一半的标准。真正的人生伴侣应该是你在人生战场上的盟友，而不是一个仅仅满足你虚荣和懒惰的人。积极学习的态度、广泛的知识面、稳定的情绪、明确的人生目标，在谈论他的父母时流露出的幸福感，彼此欣赏共同成长才是选择人生伴侣的标准。

（二）家—校—社联合合作开展性教育

《中华人民共和国未成年人保护法》（2020 年修订）明确提出，学校、幼儿园应当对未成年人开展适合其年龄的性教育。[①] 教育部《未成年人学校保护规定》（2021 年）指出，学校要树立以生命关怀为核心的教育理念，有针对性地开展青春期教育、性教育。[②]《中国儿童发展纲要（2021—2030 年）》提出"将性教育纳入基础教育体系和质量监测体系，增强教育效果"的策略措施。[③] 可见，学校在开展性教育方面具有义不容辞的责任和义务。事实上，不仅学校有责任，家庭和社会也承担着同样的责任义务。因此，为促进儿童和青少年的生殖健康和性心理的健康发展，保护青少年免受伤害、虐待和暴力，需要家庭—学校—社会联合行动，创建一种安全友好、充满关爱和尊重的生活环境。[④]

---

① 中国人大网. 中华人民共和国未成年人保护法［EB/OL］.（2020-10-17）［2023-02-01］. http://www.npc.gov.cn/npc/c30834/202010/82a8f1b84350432cac03b1e382ee1744.shtml.

② 教育部网站. 未成年人学校保护规定［EB/OL］.（2021-06-01）［2023-02-01］. https://www.gov.cn/zhengce/2021-06/01/content_5713400.htm.

③ 中华人民共和国中央人民政府. 国务院关于印发中国妇女发展纲要和中国儿童发展纲要的通知（国发〔2021〕16 号）.［EB/OL］.（2021-09-27）［2023-02-01］. https://www.gov.cn/zhengce/zhengceku/2021-09/27/content_5639412.htm.

④ 余小鸣. 青少年的性指导与性教育［J］. 实用妇产科杂志，2005，21（12）：718-720.

第二章　与情绪相关的问题

随着时代的不断发展，人们越来越关注情绪问题。情绪问题是指个体表现出的对其正常生活或社会功能有不良影响的情感反应。随着社会和经济的快速发展，人们的生活压力越来越大，导致情绪问题的发生率也越来越高。发展性情绪问题是一个热点话题，涉及儿童、青少年等不同年龄段的个体。随着社会变革和家庭教育模式的转变，许多孩子和青少年在成长过程中面临的压力日益增加，情绪问题也随之出现。在幼儿时期，一些孩子可能会表现出过分依赖、分离焦虑等情绪问题。这主要是因为他们的焦虑情绪尚未得到有效的管理和引导。而青少年则更容易受到学业压力、社交关系、家庭矛盾等影响，出现抑郁、焦虑等情绪问题。此外，身体、社会变化等因素也可能对青少年的情绪产生负面影响。

第一节　发展性情绪问题

随着社会的发展和经济的进步，人们的生活条件得到了极大的改善，并且诸多科学技术得到了高速的发展。然而，我们也逐渐意识到，幸福感和经济收入之间并不是一个简单的线性关系，很多不安全感和精神压力正在影响着人们的健康和快乐。青春期是一个人生理和心理变化最为显著的时期之一。在这个阶段，青少年会经历许多情绪问题，如情绪冲动、焦躁不安、情绪多变等。这些发展性情绪问题对他们的身心健康和日常生活产生了很大的影响。青少年的情绪调节处于不断发展的过程中，青少年出现情绪问题或情绪性行为与他们的生理发育息息相关。接下来我们将从一些青少年常见的情绪问题案例谈起。

一、案例

【案例1】

小明，14岁，初中二年级，处于青春期的年龄阶段。他常常感到焦躁不安，心浮气躁。一方面，他的身体正在发生巨大的变化，身高增长，嗓音变得沙哑低沉，还出现了青春痘等问题。这些变化引发了他对外貌的不满和自卑感，觉得自己不如他人漂亮或帅气。这种不满加剧了他的焦虑和紧张感，使他变得暴躁易怒。另一方面，学业压力也加重了他的心理负担。在青春期，学习任务逐渐加重，需要更多的注意力和时间投入。对小明来说，随着科目的增多和难度的提升，他感到难以掌握所有的知识，成绩下降，并且与同学之间的竞争也加剧了他的压力。这些问题让他感到沮丧和困惑，进而影响了他对未来的自信。此外，社交关系的变化也成为小明心浮气躁的因素之一。在青春期，人际关系开始发生巨大变化，朋友圈开始扩大，与同龄人的交往不再局限于学校内。小明意识到自己需要与更多的人相处，并开始面临各种社交情境。这些新的挑战使他倍感压力，不确定自己能否适应和融入新环境。

【案例2】

小丽，15岁，初中三年级学生。小丽是一个聪明、活泼的女孩，但最近班主任和父母发现她变得沉默寡言，上课注意力不集中，学习成绩下降。班主任与她进行了一次谈话，了解到她正在经历一段情感上的挣扎。小丽向班主任透露，从小学时起她就喜欢上了一位同班同学，这位同学是个风趣幽默的男孩，和小丽相处得很好。可是，从进入初中后，那个男孩开始对小丽冷淡了。小丽感到非常困惑和伤心，她不知道该如何处理这段关系。

二、分析讨论

（一）发展性情绪问题的界定

青春期是人生中最特殊、最关键的阶段之一。在这个时期，青少年经历着身体和心理上的巨大变化，很容易陷入情绪冲动、焦躁不安、情绪多变、心浮气躁等困境之中。情绪冲动是青春期常见的现象之一。由于激素的变化和生理发育的增长，青少年往往面临各种情绪上的挑战。他们可能会感到愤怒、烦恼、沮丧或兴奋，而这些情绪往往会引发冲动和冲突。青少年在情绪高涨的时候，有时会做出一些难以理解的决策和行为。焦躁不安也是青春期常见的表现。青少年在经历身心变化的同时，还要应对学业压力、社交关系和未来规划等多重责任。这些压力和焦虑感常常让他们感到不安。他们往往容易被小事触发，变得敏感和易怒。在这个阶段，家庭和学校的支持和关爱显得尤为重要，能帮助他们稳定情绪和释放压力。青春期的情绪多变也是很常见的现象。青少年的情绪起伏不定，可能很快从欢乐转为悲伤，或者从激动转为消沉。这是由于他们对自我、社交圈和世界认知的不断变化引起的。他们正在寻找自己的身份和价值观，需要通过一系列体验来塑造自己的人格。心浮气躁也是青春期的一种常见特征。青少年常常感到焦虑不安，难以集中注意力。他们可能经常感到无聊或对思考和学习缺乏兴趣，因此容易分心和冲动。这种心理状态可能会影响他们的学业和生活。因此，创造一个积极而有活力的环境，提供适当的支持和指导，帮助他们更好地管理自己的情绪，保持专注和平衡。总的来说，青春期的情绪冲动、焦躁不安、情绪多变、心浮气躁是正常而常见的现象。理解这些特点并提供适当的支持和指导将有助于青少年更好地应对这一阶段的挑战，促进他们的健康成长和发展。

（二）发展性情绪问题的影响因素

青春期的发展性情绪问题主要与生理、心理和社会环境这三个方面的因素相关。

1.青少年发展性情绪问题与生理因素密不可分。通过荷尔蒙的分泌，青少年的身体发生巨大的变化，包括体形的改变、性器官的发育以及性激素的增加等。这些变化直接影响到青少年的情绪。例如，荷尔蒙的波动可能导致青少年情绪时而高涨时而低落，使他们更容易感到愤怒、抑郁或沮丧。

2.青少年发展性情绪问题也受到心理因素的影响。在这一阶段，青少年开始思考人生意义、价值观以及自我认同等问题。这种内在的探索过程往往引发情绪的起伏。他们可能会感到焦虑和压力，因为他们对未来充满了不确定性和疑问。同时，由于大脑的发育尚未完全成熟，青少年更容易受到外界刺激的影响，并对事件做出情绪化的反应。

3.社会环境也是造成青少年发展性情绪问题的重要因素之一。青少年在这个阶段往往面临诸如学业压力、人际关系的变化以及社会角色的转变等挑战。这些变化给他们带来了很大的心理压力，进而引发焦躁不安和情绪多变。此外，家庭环境的稳定与否、父母的教育方式以及同伴关系的良好与否也会对青少年的情绪产生重要影响。

（三）案例分析

【案例1】

1.症状评估

小明目前面临的问题是许多孩子都会经历的成长的过程中的挑战。面对自身外貌的变化、学业的繁重和社交情境的增多，出现了焦躁不安、心浮气躁的情绪反应。这些表现归根结底是小明焦虑的情绪，表现为烦躁、激惹、自卑。

2. 个案概念化

针对小明所经历的焦躁不安和心浮气躁的困扰，我们可以提供一些建议。首先，他需要接受自身正在经历的变化，并理解这是正常的生理和心理发展过程。其次，他应该寻求支持和帮助，包括与家人、朋友或老师进行交流，分享自己的困扰。同时，他也可以尝试一些缓解压力的方法，如运动、听音乐或参加兴趣小组等。最重要的是，他需要相信自己的能力和潜力，给自己足够的时间去适应和成长。通过半年时间的调整，小明逐渐恢复了以往的情绪和学习状态。

3. 干预策略

（1）自身方面

从自身方面来说，青少年需要培养积极健康的生活习惯。定期参加体育锻炼有助于释放压力、增强身体素质和提升心理抵抗力。此外，良好的睡眠质量也对情绪的稳定起着重要作用。养成良好的作息习惯，保持规律的睡眠时间，有助于减少情绪波动。

（2）家庭方面

父母应给予青少年足够的关注和理解。通过与他们的沟通交流，了解他们的内心世界，给予他们温暖和支持。同时，在家庭中营造积极和谐的氛围，避免争吵和冲突的发生，以减少青少年情绪的波动。此外，家长可以鼓励青少年参与他们感兴趣的活动，培养他们的兴趣爱好，增强他们的成就感和自信心。

（3）学校方面

学校可开设心理健康教育课程，帮助学生了解自己的情绪，并提供一些情绪管理的技巧和策略。此外，学校可以组织一些社交活动，让学生有机会交流和分享彼此的情感体验。这有助于缓解他们的情绪压力，增强彼此之间的情感支持。

【案例2】

1. 症状评估

小丽目前表现出话少、上课注意力不集中和学习成绩下降，实际上是因为她在这个经历较少、思维不成熟的年龄阶段，遇到了一些难以解决的问题。当她无法得到帮助和解决时，就容易陷入消极的情绪中，表现出来的症状包括兴趣减退、注意力不集中、学习成绩下降和自卑感。

2. 个案概念化

小丽的这种情况在青春期经常发生。人们开始对异性产生强烈的兴趣和好感，但由于自信心的不稳定和对爱情的不理解，导致情感混乱和冲突。对于小丽来说，她不仅因男孩对她的态度转变而感到失望，还担心自己的魅力和吸引力是否减弱。这在青春期是很常见的情况。心理辅导老师让她明白，爱情并非控制他人感觉，而是需要双方的共鸣和付出。鼓励她试着与男孩坦诚地沟通，了解他对她的看法，并尊重他的感受。接下来的几周里，心理辅导老师和小丽保持了良好的沟通。她通过短信向那个男孩表达了自己的心意，并了解了他对他们之间友谊的看法。她并没有期望能立刻改变他们的关系，而是希望在相互理解和尊重的基础上建立更健康的友谊。渐渐地，小丽逐渐恢复了自信，她发现自己其实并不需要依赖别人来验证自己的价值。她开始专注于自己的兴趣和发展，培养了更多的社交能力，结交了更多的朋友，最终恢复了以往的情绪和学习状态。

3. 干预策略

（1）自身方面

青少年需要树立正确的价值观和认知。他们应明确自己在学业上的目标和追求，理性看待恋爱关系对自身的影响。同时，他们应增强自我管理和控制能力，学会合理规划时间，避免恋爱成为影响正常生活和学习的源头。

（2）家庭方面

家长应成为青少年的良师益友，积极引导并提供适当的支持。家长可以通过与青少年进行沟通交流，倾听他们的想法和困惑，理解他们内心的需求。同时，家长还可以以身作则，树立正面的榜样，教育青少年正确的价值观和行为准则。

（3）学校方面

教师和学校管理者可以开展相关的教育活动和课程。这些活动可以包括情感教育课程，帮助青少年了解情感与性的相关知识，引导他们形成正确的恋爱观念。同时，学校还可以组织一些文体活动，提供多样化的社交机会，使青少年能够通过合作和交流来满足自身的社交需求。

第二节　发展性情绪障碍

根据心理学研究，发展性情绪问题是指青少年在心理发展过程中出现的一系列正常的情绪和行为反应，这些反应可能由于青春期等因素而增加。然而，当这些问题超出了正常范围，并且对个体的社会功能产生了负面影响时，我们将其诊断为发展性情绪障碍。发展性情绪障碍主要包括抑郁障碍和焦虑障碍，这两种障碍在青少年中相对较为普遍。抑郁障碍表现为长期的低落情绪、失去兴趣和享乐能力、睡眠和饮食改变以及自卑感等。而焦虑障碍则表现为持续的紧张、担忧、害怕和恐慌，可能伴随着身体症状如心跳加速、呼吸困难和出汗等。对于发展性情绪障碍的治疗，心理支持和心理疏导是非常重要的。青少年可以通过与心理专家进行交流和倾诉来减轻情绪问题。此外，药物治疗也可作为一种辅助的治疗方法，但需要在医生指导下进行。为了预防和管理发展性情绪障碍，建立一种健康的生活方式非常关键。青少年可以通过良好的睡眠、均衡的饮食和适度的锻炼来提高心理健康水平。此外，家庭和学校的支持也是至关重要的。家长和老师应该积极关注青少年的情绪变化，并提供适当的支持和引导。

一、抑郁障碍

（一）案例

【案例1】

患者，13 岁，女孩，初中一年级。因"心情低落，有自杀念头，持续时间 6 个月"就诊。患者在 6 个月前无明显原因下出现了心情低落的状况，表现为高兴不起来、不愿见人、不愿意说话、兴趣爱好减少、对平时喜欢的活动也不感兴趣，例如以前喜欢跳舞，现在根本不想动；认为自己的大脑反应变慢，记忆力减退，觉得自己的大脑变笨了；上课时注意力难以集中，学习成绩明显下降；有时觉得生活没有意义，甚至有过自残行为，比如用小刀划手或用指甲抓自己的手背；常感到烦躁，经常出现头晕、头疼，容易发脾气，经常无故哭泣，觉得没有人喜欢自己；夜间睡眠质量不佳，入睡困难，容易醒；食欲不振，但体重未见明显下降。躯体检查结果正常。精神检查表明：患者意识清楚，但接触性被动，感知觉未见异常，情感低落，思维迟缓，兴趣爱好减少，注意力、记忆力减退，自卑感强烈，对自身评价低，意志活动减退，存在自残行为和自杀念头，但没有出现幻觉、妄想，存在部分自知力。

诊断：抑郁障碍。

【案例2】

患者 17 岁，女孩，高中二年级，因"情绪低落，3 年多以来一直感到同学背后议论自己，最近 2 个月加重"来院就诊。患者在 14 岁时，即 2020 年，出现了情绪低落的状况，不愿说话，有时同学主动与她交流，她也感到烦躁，甚至认为同学背后议论、诋毁她。睡眠质量不佳，入睡困难，但当时可正常上学，学习成绩较好，家属未在意。2021年3月，她的情绪低落加重，几乎每天都无法感到快乐，兴趣爱好明显减少，上课时注意力难以集中，白天易疲倦。她认为自己不如其他同学，认为同学在背后议论和恶言中伤她。她的学习成绩明显下降，经常发脾气、哭泣，认为父母不理解自己，甚至在家里摔东西、动手打母亲，产生了不想活的念头。她的睡眠质量不好，表现为入睡困难和睡眠不踏实。食欲减退，体重下降。2017年8月到当地医院就诊，被诊断为"抑郁症"，给予马来酸氟伏沙明片100 mg/日、富马酸喹硫平片100 mg/日治疗，治疗后睡眠改善，情绪稍改善，但仍感到周围同学背后议论自己，说自己的坏话，间断上学。2023年4月，上述症状再次加重，出现情绪低落、整日哭泣，兴趣爱好明显减少，认为自己脑力衰退，常感身体疲倦，在家摔东西，对父母发脾气，觉得上课时老师说话是在含沙射影说自己，认为同学背后议论自己，甚至整个学校的同学都在议论自己，有强烈的不想活下去的念头，企图跳楼自杀，不愿意上学，认为自己比别人差，不能安心学习。2023年6月1日到当地医院就诊。

诊断：重度抑郁障碍。

（二）分析讨论

1. 抑郁障碍的界定

（1）青少年抑郁障碍概述

抑郁障碍是指人们长时间感到情绪低落、沮丧、无助和消极，严重影响了日常生活和社交活动。青少年抑郁障碍则是指在青春期出现的以显著而持久的心境低落为主要临床特征，同时伴有愉快感丧失或兴趣爱好下降为主要表现的一类心理精神障碍，患者常伴有自残自伤行为、焦虑情绪、躯体不适、饮食和睡眠问题，偶尔也可能出现幻觉、妄想等精神病性症状。以上症状至少已持续2周，严重威胁着青少年的身心健康。相对于成年人的抑郁障碍，青少年抑郁障碍更多表现为愤怒、与父母疏远、社交退缩、攻击、逃学、躯体症状以及学习成绩下降。由于青少年抑郁障碍具有识别率低、治愈率低、自杀率高等特点，建议应早期识别，早期正规系统干预治疗。大部分青少年能够通过主动提出情绪问题被家长带至精神心理科门诊治疗，但也有一部分抑郁障碍的青少年不能主动、准确地表达内心抑郁的情绪体验，多通过易怒、情绪波动症状以及自残行为和躯体症状表现出来，这部分青少年常容易被忽视，家长和学校老师应予以重视。

（2）青少年抑郁障碍的临床表现

①情感障碍：表现为情感低落，不开心、失去愉快感或闷闷不乐，甚至经常伤心哭泣，这种情绪问题可以是患者自己能感受到的或者家长能观察到的显著而持久的情绪状态。兴趣感下降甚至丧失，对日常娱乐活动和学习缺乏兴趣，即使勉强参与，也难以获得愉快感。同时常伴有焦虑情绪，表现为烦躁、坐卧不安、对未来忧心忡忡等。

②思维障碍：青少年患者主要表现为记忆力下降、抽象思维能力差、注意力难以集中尤其是在上课时，这往往导致学习成绩下降等。有些青少年患者觉得自己一无是处，生活没有意义，对未来没有信心，认为自己前途渺茫，以悲观消极的态度看待周围的事物。之前对自己有自信的青少年，在患病后自我评价降低，信心严重不足。有些患者甚至会认为自己患病给家庭和朋友带来了巨大负担，从而产生严重的自责和内疚感，严重时会认为自己罪孽深重、前途黯淡无光，甚至达到罪恶妄想的程度，并有自杀的念头。

③行为障碍：有些青少年会有咬指甲、自残或者自杀行为问题。还有些青少年患者会有持续玩手机的情况，但仔细了解患者对手机的体验发现，他们做其他事情会更加情绪低落或者心烦，但是如果玩手机，时间会过得快一点，玩手机时没有太多的情绪。

④精神运动性迟滞或激越：精神运动性迟滞时表现为整个精神活动的明显抑制，活动明显减少，常常呆坐不语，行为缓慢，严重者甚至可能出现木僵或亚木僵状态。精神运动性激越的临床症状与之相反，常常表现为

烦躁不安、不能静坐、紧张和担忧等，过度思考使得注意力难以集中，脑中反复思考一些没有目的的事情，在行为上则表现为烦躁不安，易冲动、激惹、脾气暴躁，不听管教，对抗父母甚至出现躯体攻击行为。

⑤躯体症状：躯体症状在青少年抑郁障碍中比较常见，有时青少年开始时情绪低落表现不明显，而是先出现躯体不适，如头痛、肚子疼、胸痛、眩晕、胸闷等，家长带着患者反复就医却各项检查均未见明显异常，在就医的过程中患者慢慢显现出不愿上学最后发现情绪问题。

⑥伴随症状：睡眠和饮食问题是抑郁患者最常见的伴随症状。睡眠问题表现形式多样，包括入睡困难、早醒、睡眠浅、多梦等，少数的患者会出现睡眠增多。其中，青少年患者往往以入睡困难最为多见。饮食问题常常表现为食欲不佳，没有胃口，不想吃饭，明确这一点需要和患者病前的饮食相对比。也有少数患者会出现食欲增加、暴食和体重增加。

⑦精神病性症状：主要表现为幻觉和妄想。幻觉和妄想多为心因性，与情感基本相协调。

⑧共患疾病：主要包括焦虑障碍、物质滥用障碍、破坏性行为障碍和躯体化障碍，最常见的共患疾病是焦虑障碍。

2. 抑郁障碍的影响因素

我们可以用生物—心理—社会的模型来解释抑郁障碍的影响因素。

（1）生物学因素

许多研究表明，遗传因素在青少年抑郁障碍的发生中扮演着重要的角色。孪生研究和家系研究发现，青少年抑郁障碍在家庭中呈聚集现象。基因组关联和候选基因研究证实了一些特定基因与青少年抑郁障碍的关联性。神经生物学和内分泌系统的研究揭示了神经递质和激素的异常变化在青少年抑郁障碍中的作用。

（2）心理社会因素

抑郁障碍是一种心理疾病，它会对患者的心理和社会生活产生深远的影响。了解抑郁障碍的心理社会因素对于帮助患者恢复正常生活至关重要。以下将从心理和社会两个方面来讨论这些因素。

①负向思维模式，包括消极的自我评价、过度的自责以及对未来的悲观态度，可能加重抑郁症状。研究显示自我评价低、性格偏内向、较孤僻、适应能力差、情绪不稳定的青少年，容易产生抑郁。

②一些患者还可能经历心理创伤，如亲密关系的失败、工作压力和家庭问题等，这些经历进一步增加了他们发展抑郁障碍的风险。校园欺凌行为不仅对被欺凌学生的生理造成伤害，更严重的是对其心理的伤害，后者的影响往往是长期的、难以治愈的。受欺凌的学生经常被发现社交和情绪适应能力差，自尊心低下，相较于未受欺凌的青少年，他们容易出现孤独、焦虑、抑郁和自杀意念。

③部分青少年无法应对日益沉重的学业负担，常常感到学业压力过重。这些孩子无法有效表达他们的问题，自身难以调节，并且缺乏外界力量的及时引导，因此经常陷入情绪问题。

④社会环境也会对抑郁障碍产生重大影响。孤立感和社交障碍是常见的社会因素，它们可导致个人与他人之间的沟通交流困难。在现代社会，人们经常面临高强度的竞争和压力，这也是导致抑郁障碍的一个重要原因。

（3）社会环境因素

①现代社会的高竞争压力给青少年带来了很大的负担。他们可能面临学业上的竞争，为了取得好成绩而承受长时间的学习压力。家长和老师的期望使得他们始终感到自己处于压力之下。此外，社交媒体的普及也给青少年增加了心理压力。他们通过社交媒体与同龄人进行比较，容易产生自卑感和焦虑感。

②家庭不和谐关系也是引发青少年抑郁症的一个重要因素。父母离异、家庭暴力以及亲密关系的破裂都会对孩子造成巨大的伤害。缺乏安全感的家庭环境容易使青少年感到无助和绝望，进而导致抑郁症。

③社会的标准和期望也给青少年带来了相当大的心理压力。当一个青

少年无法满足社会对他的各种期望时，他可能会感到自己的存在毫无意义，进而陷入抑郁情绪。

④ 同龄人群体的影响。同龄人在青少年的生活中扮演着重要的角色，他们形成了家庭之后的直接社会环境，同龄人之间可以自由地讨论自己的问题和想法。青少年中受同伴欢迎程度低与抑郁症状有关。与最好的朋友关系不那么亲密、与朋友接触较少，以及被拒绝的经历越多，抑郁情绪就会随着时间的推移而增加。不良的同伴关系是青春期早期抑郁的风险因素。

⑤ 社交网络的副作用。通过进步的技术手段和互联网的普及，社交媒体在青少年中变得相当流行，并导致了同龄人虚拟网络的形成。通过社交网站保持社交联系与更广泛的社交联系和幸福感相关。沉迷于过度使用互联网和社交网站的青少年更容易出现情绪症状，更频繁地使用预示着抑郁症状的增加。一些研究强调了青少年使用社交网络的负面后果，表现为危险的互联网行为，如网络暴力、色情接触，并可能向性侵犯者泄露个人信息。

3. 案例分析

【案例1】

结合抑郁障碍的界定和相关影响因素的分析，对案例1分析如下。

（1）症状评估

患者存在焦虑抑郁情绪，具体表现为心情低落，兴趣减退，精力不足，注意力和记忆力下降，出现轻生想法和自残行为，自卑自责，自我评价降低，睡眠障碍，食欲减退，烦躁不安，伴有躯体不适感。

（2）个案概念化

针对患者所出现的上述问题，我们可以选择药物治疗与心理治疗相结合的办法。针对目前存在的各种不适，我们需要用药物帮助患者改善情绪，减少其自残和自杀的想法和行为。此外，我们需要与其建立良好的信任关系，探究其产生情绪问题的原因，究竟在哪些方面存在疑惑与困难，与其共同探索可以寻求帮助的途径，引导患者建立"宣泄口"，教会其以合理的方式宣泄情绪，同时逐渐调整患者的认知，改变其面对问题时的想法，以使其能在未来的生活中游刃有余地应对各种困境。

【案例2】

结合抑郁障碍的界定和相关影响因素的分析，对案例2分析如下。

（1）症状评估

患者存在抑郁情绪，表现为情绪低落，注意力和记忆力下降，睡眠障碍，食欲减退，出现自残和自杀的想法及行为，同时伴有关系妄想，考虑为伴有精神病性症状的抑郁发作。

（2）个案概念化

针对患者上述症状，我们可以选择继续药物治疗，并辅以物理和心理治疗。我们可以继续加用药物以改善患者的情绪、自残自杀的想法和妄想，并通过物理治疗加速康复。当情绪逐渐好转后，我们可以进行一对一的心理治疗，探索心理诱因的根源。如果问题来源于家庭，我们可以与患者及其家属一起探讨父母与孩子的相处模式；如果问题来源于学校，我们可以与患者一起探讨如何应对学校中发生的各种问题，勇敢面对困难，寻求合理的解决途径，并逐渐建立自信，迎接后续的成长之路。同时还可以进行社交技能训练，通过各种模拟场景，使患者认识到与他人正确的交往方式，使社交行为正常化。

二、焦虑障碍

青少年在正常的成长过程中会经历各种情绪状态，这些情绪状态有助于他们更好地适应环境的要求，并培养他们的适应能力和生存技能。其中，焦虑和恐惧是青少年最常见的情绪体验。焦虑是指内心紧张不安、预感到将要发生不利情况而难以应付的不愉快情绪体验。焦虑并不意味着都是病理性的情绪，在一定程度上的焦虑对身体和大脑的反应具有积极的意义。它可以调动身体各器官的机能，提高大脑的反应速度和警觉性。适度的焦虑有助于青少年在日常活动中提高适应能力和应对技巧。然而，过度的焦虑和恐惧会降低他们的生理和社会功能，甚至可能逐渐演变成为病理状态。焦虑障碍是一种病理性的焦虑情绪，是指个体经常出现过度和持久的焦虑情绪，以及与之相关的身体症状和功能损害，对患者的生活和日常功能造成了严重影响。焦虑障碍在青少年中非常常见，轻微的症状往往被忽视或轻视，导致未得到适当的治疗。尽管有些焦虑和恐惧表现是短暂的，但大部分青少年的焦虑情绪会呈现出慢性的病程，甚至持续到青年和成年期，造成更严重的社会功能受损。因此，青少年焦虑障碍越来越受到广泛关注。青少年焦虑障碍包括分离焦虑障碍、广泛性焦虑障碍、恐惧症、社交焦虑障碍（社交恐惧症）和学校恐惧症等不同类型的焦虑障碍。我们此节重点讨论青少年广泛性焦虑障碍、社交恐惧症和学校恐惧症。

（一）青少年广泛性焦虑障碍

1. 案例

【案例】

患者，女性，13 岁，初中二年级。患者在初一开学后开始感觉学习压力大，逐渐出现了无法控制的各种担忧情绪，例如担心被老师和同学看不起，担心成绩下降，甚至害怕将来无法考上好的高中或大学，觉得自己能力不足。此外，患者经常出现心慌、憋气、手抖、出汗等不适感，同时感到坐卧不安。晚上睡觉前各种担忧情绪更加严重，导致常常到深夜才能入睡，白天则感到困乏和疲劳，上课时注意力不集中，学习成绩明显下降。初一下半学期开始请假，到初二开学后，上述情况变得更加严重，无法坚持上学，目前处于请假在家的状态。在家中，患者的情绪大部分时间较好，但有时当家长提到上学或发生一些小事时，患者也会突然出现心慌、憋气、手抖、出汗等不适感，坐卧不安。她经常担心自己无法继续上学后的未来发展。患者之前身体健康。个人史方面，患者性格内向、自我要求较高，注重他人对自己的看法。父亲由于工作原因很少在家，患者主要与母亲生活，母亲对其管教较为严厉，经常对患者批评和说教。家族史方面，患者的母亲患有类似精神病史。

诊断：广泛性焦虑障碍。

2.分析讨论

（1）青少年广泛性焦虑障碍的界定

① 青少年广泛性焦虑障碍概述

青少年广泛性焦虑障碍是一种常见的焦虑障碍，其特征是持续性的、难以控制的担心和焦虑感，没有特定的对象或情境。而青少年广泛性焦虑障碍则是指该障碍在青少年人群中出现。

② 青少年广泛性焦虑障碍的临床表现

青少年广泛性焦虑障碍是一种常见的精神障碍，其主要表现为主观的焦虑体验、外显的不安行为和生理反应。这种病症在不同患者之间的表现程度有所不同，有些人可能主要表现为其中一种临床形式。

a.青少年广泛性焦虑障碍的主要情绪表现是过度地、广泛地担心自己的社交、学业等方面。其中最常见的是对考试成绩的担忧。患者往往感到担心和焦虑情绪无法控制，并且持续时间较长。他们的焦虑范围也相当广泛，常常担心一些成年人才会考虑的事情，如疾病、经济问题、战争、自然灾害等。这些担忧和焦虑往往是没有经过仔细的判断和思考，直接表现出过度的担心和焦虑情绪。这种症状会导致患者的社会功能受损，学习成绩下降，并影响正常生活和交际。一些青少年可能会感到他们的学习状态下降了，记忆力不如以前，实际上往往是注意力受损导致的。

b.青少年广泛性焦虑障碍还可能表现出一系列生理症状。虽然青少年患者通常不像成年人那样有丰富的主诉[①]，但自主神经症状有时可能并不

---

① 主诉：医学和心理学用语，是指患者就诊是对其主要症状或体征及其持续时间的简要概述。

突出。常见的生理症状包括心悸、胸闷、口干、出汗、头晕、恶心、呕吐、上腹不适、四肢发凉、便秘、眩晕和全身不适等。由于紧张而引起的四肢酸痛、躯干疼痛、食欲不佳、睡眠质量差和容易疲劳也是常见的症状。有些患者还可能伴有惊恐发作，即在高度焦虑、紧张、恐惧和兴奋的情况下出现濒死感，甚至出现晕厥。

（2）青少年广泛性焦虑障碍的影响因素

青少年广泛性焦虑障碍的发生与许多因素相关，其中包括基因、环境和心理社会因素的交互作用。

① 遗传因素在广泛性焦虑障碍的发生中起着重要的作用。研究表明，个体患上广泛性焦虑障碍的风险与其家族中存在这种疾病的历史有关。遗传学研究发现，某些基因变异可能导致个体对压力更敏感，从而增加了患上广泛性焦虑障碍的风险。

② 环境因素也对广泛性焦虑障碍的发生起着重要的作用。家庭环境、学校环境和社会环境都可能影响青少年的心理健康。不良家庭关系、家庭暴力、竞争激烈的学业压力以及过度使用社交媒体等都可能成为青少年广泛性焦虑障碍的触发因素。

③ 心理社会因素也是广泛性焦虑障碍发生的重要因素之一。青少年处于身份认同、自我评价和自我探索的阶段，这些心理过程会对他们的情绪状态产生重要影响。社会压力、人际关系困扰以及对未来的担忧都可能使青少年感到焦虑。

（3）案例分析

结合广泛性焦虑障碍的界定和相关影响因素的分析，对案例的分析如下。

① 症状评估

患者目前无法坚持上学，上课时记忆力下降，成绩明显下降。其背后的问题仍然是患者存在的焦虑情绪，总是无法控制地担心会发生不好的事情，伴有躯体不适和睡眠障碍。其母亲患有"广泛性焦虑障碍"，可能导致患者对压力更敏感，从而产生焦虑情绪。

② 个案概念化

针对患者的躯体不适症状及睡眠问题，可以适当给予改善焦虑情绪的药物治疗。患者会产生焦虑情绪的原因是面对繁重的学业和父母的管教，陷入了情绪和行为的恶性循环中。越担心越无法学习，越无法学习越担心。我们可以先引导患者不要将目光放得过于长远，对于无法解决的未来问题只会产生焦虑和担心的情绪，逐渐开始躯体化，引起躯体不适，首要任务是如何让自己减少担忧的想法。下一步，我们可以与患者探讨产生担忧想法的原因，如果是自己过于要强的问题，可以逐渐引导患者进行放松，接受自身的不足；如果是父母要求过于严厉，可以与其探讨如何与父母沟通，建立和谐、健康的相处模式，并倾听父母的想法，表达自己的诉求，逐渐寻找合理合适的解决方式。

（二）青少年社交恐惧障碍

1. 案例

【案例1】

患者13岁，女孩，初中一年级。3年前开始无明显原因见到陌生人觉得紧张，不敢说话，不敢看对方，后逐渐发展到与家庭以外的人（包括同龄人）交往时表现得非常紧张、害羞，不敢说话，不敢看对方。不在学校上厕所，因为害怕同学看自己。上课时非常紧张，害怕老师让自己回答问题。若被老师点名回答问题，站起来后双腿、双手发抖，不敢看老师，满脸通红不说话。平时不敢进老师的办公室，不敢参加学校的各种活动，如果遇到学校有集体活动，就假装各种不舒服让父母帮忙请假。家里来客人，立即躲进房间，待客人离开后才出来。患者知道自己没必要害怕，但是一遇到这些场合便无法克制自己的紧张。总是担心自己给别人留下不好的印象。一年来症状越来越严重，特别是上课时担心老师提问，无法专心听课，学习成绩由优秀下降到中等水平。既往史无特殊，个人史：患者生长发育正常。

病前性格：内向，胆小，做事谨小慎微，自尊心较强。家族史未见异常。

诊断：社交焦虑障碍。

【案例2】

患者14岁，男孩，初中二年级，初一因为在课堂上老师提问时，患者没有回答出来，之后逐渐出现：在学校沉默寡言，总是害怕老师的提问自己回答不上来或者回答错误，从来不主动举手回答老师的提问，有时即使知道答案也不敢举手回答，当老师点名让其回答时，他站起来，也总是低着头不回答，额头冒汗，手足无措，显得非常紧张、害怕。下课不敢和同学说话或一起玩。平时害羞，不愿见不熟悉的人，当家中有客人或亲戚来时，患者总是躲到自己的房间里不出来，父母勉强叫他出来后也不与人打招呼，紧张地站在一边，眼睛不敢看人，低头不语，一得到父母允许就马上跑回自己的房间。外出时会戴上帽子和口罩，低着头，让周围人看不见自己的眼睛，必须与周围人说话时忽视对方，声音非常低或几乎不说话。

诊断：社交恐惧障碍。

2. 分析讨论

（1）青少年社交恐惧障碍的界定

① 青少年社交恐惧障碍概述

青少年社交恐惧障碍是一种持续存在的对社交或自我表现感到恐惧的心理障碍。患者常常相信他人会给予自己负面评价，因此害怕与回避社交互动和表现自己。这种恐惧会导致他们避免参与各种社交活动或情境，比如在人前说话或表演、结识新朋友、与权威人物交谈以及成为焦点等。他们担心被别人看作没有吸引力、愚蠢、不愉快、过于自信或奇怪。他们通常朋友较少，难以结交新朋友，并且非常注重自我意识和自我关注。除了对常规场合可能感到紧张害怕外，他们还会对日常一些活动感到焦虑，例如出门购物或者交作业等。它影响着患者的社交生活、情绪状态和身体健康。

② 青少年社交恐惧障碍的临床表现

青少年社交恐惧障碍的临床表现为青少年持久地害怕一个或多个社交

场合，在这些场合中，被暴露在不熟悉的人面前或者被其他人过多地关注时出现焦虑反应。此疾病核心部分是害怕负面评价。

a. 回避行为：青少年社交恐惧障碍患者常常会采取各种回避行为来逃避社交活动。他们可能拒绝参加集体活动、避免与陌生人交流，对于需要公开发言或表演的场合感到极度恐惧，甚至会因为害怕被人注意而尽可能地避免任何社交接触。这些回避行为不仅限制了他们的社交范围，也阻碍了他们与他人的互动和成长。

b. 焦虑反应：青少年社交恐惧障碍患者在社交场合中常常伴随着强烈的焦虑反应。他们可能出现心慌、手颤抖、出汗、脸红等身体上的症状，同时也会有强烈的冲动想要逃避和躲避社交场合。这种焦虑反应会影响他们的情绪状态，使他们感到紧张、沮丧和无助。

c. 功能损害：青少年社交恐惧障碍对他们的正常生活和学习造成了重大的功能损害。他们可能因为害怕和困惑而遭受着极大的痛苦，无法充分发挥自己的才能和潜力。除了对社交活动的回避和失去机会，他们还可能由于社交恐惧导致自我价值感下降、人际关系问题的出现以及学业成绩下滑等负面后果。

（2）青少年社交恐惧障碍的影响因素

青少年社交恐惧障碍的发生和发展涉及多个因素，其中包括遗传因素、环境因素和心理社会因素。

① 遗传因素被认为是导致青少年社交恐惧障碍的一个重要因素。研究发现，如果一个家庭中有患有社交恐惧障碍的成员，那么其他成员也有较高的患病风险。遗传研究表明，社交恐惧障碍（Social Anxiety Disorder, SAD）[①] 可能与某些基因的变异相关，这些基因参与了适应压力和自我调

---

① 是指患者在一种或多种社交场合中过分害怕及焦虑，担心自己被关注、尴尬、被羞辱、被拒绝或冒犯他人等，并竭力回避所害怕的社交场合。患者的焦虑程度超出了社会文化环境、心理发育水平相当的个体所应有的正常界限，给患者带来明显的痛苦并影响其社会功能。

节的过程。虽然具体的基因还没有完全确定，但遗传因素在 SAD 的发展中起到了重要的作用。

②环境因素也对青少年社交恐惧障碍的发展产生影响。青少年成长环境中的负面经验，如受到欺凌、羞辱或批评，可能使他们对社交场合感到恐惧和不安。家庭和学校的氛围也会影响一个人对社交情境的适应能力。如果青少年在成长过程中缺乏安全感和支持，或者遭受了过度保护或严厉的管控，他们更容易出现社交恐惧障碍。

③心理社会因素也对青少年社交恐惧障碍的发展起着重要作用。青少年经历的身份认同、自我意识和自尊心的发展阶段，使他们更加敏感于他人对自己的评价。社交恐惧障碍通常与低自尊、自卑感和强烈的关注他人评价的需求相关。青少年也可能出现社交技巧的不足，例如缺乏与他人合作、沟通和表达自己的能力，这进一步加剧了他们的社交焦虑。

（3）案例分析

【案例1】

结合青少年社交恐惧障碍的界定和相关影响因素的分析，对案例1分析如下。

①症状评估

患者害怕在班级里回答问题、参加集体活动和与人交流，其实仍然是害怕受到负面评价，导致在公共场合中出现发抖、不敢上厕所，并逃避集体活动、逃避和家庭外的人见面，这些行为导致了注意力和成绩下降。

②个案概念化

鉴于患者的问题，我们可以采取心理干预措施。首先，可以尝试对患者进行松弛训练和脱敏训练，使他们能够逐步克服紧张和恐惧，一步步地开始面对人群，不再逃避，并且在公共场合逐渐减少紧张感。同时，可以引导患者学会如何以正确地方式与老师、同学及和陌生人相处，提升他们对自我的认同感，纠正不合理的认知，认识到不必过分关注他人对自己的评价，将更多的关注力放在自我认知上，提高自信心。

【案例2】

结合青少年社交恐惧障碍的界定和相关影响因素的分析，对案例2分析如下。

①症状评估

患者在上课时无法回答问题，产生了负面经验，导致对社交场合感到恐惧和不安，根本原因仍然是害怕受到负面评价，所以不敢与同学和家中客人相处，不敢在课堂上发言，也不敢直视陌生人的眼睛。

②个案概念化

针对患者的问题，我们可以对其进行心理干预。首先可以对患者进行脱敏治疗，让他逐步从害怕面对人群开始，逐渐在公共场合中不再感到紧张。同时，我们需要与患者一起分析产生社交恐惧的诱因，重现当时上课没有回答出问题的场景，与他一起分析老师提问的内容，为什么没有答出来，其他同学是否能回答出来，原因是否为问题太难或自己没有听课和复习不到位，引导他不要过于沉浸于过去，不要责备自己做得不够好，要学会向前看，找出自身问题的原因并加以改正，避免下次再次出现类似问题。同时，需要纠正不合理的认知，指导他不要过度关注他人的看法，学会自我欣赏，重建自信心。

（三）学校恐惧障碍

1.案例

【案例1】

患者11岁，男孩，小学六年级学生。因"不上学、自残3个月"就诊。患者从小学习成绩优异，每次考试都名列全班第一。最近期中考试成绩不尽如人意，在班级排名第10位，感到十分沮丧，情绪低落。此后，他始终担心自己考试成绩不好，觉得自己的成绩对不起父母和老师，害怕同学们嘲笑自己。因此，他不愿意去上学，每天早晨上学时就唉声叹气，磨磨蹭蹭，到了学校后感到心烦、紧张和焦虑，无法专心听课。有时，他背着书包离开家后，偷偷溜回家中楼顶上，直到放学时间才返回家中。家长发现他有逃学的情况后开始监督他去学校，但当患者到达学校门口时，就出现心慌、气短等不适症状，后来甚至在父母强迫他上学时，患者就用小刀划伤自己的胳膊，并威胁要跳楼。如果不提上学的问题，他的情绪和活动如常。个人史：患者生长发育正常，自幼胆小、自尊心较强，上小学后一直担任班长，并表现出良好的工作能力。既往史：否认有重大躯体疾病。家族史：存在母亲有抑郁症的病史。体格检查及神经系统检查未发现异常。精神检查：患者意识清晰，与人接触良好，主动谈论自己因考试不理想而觉得同学们认为他笨，担心老师不喜欢他，一到学校就处于焦虑、紧张和恐惧中，心里有一种说不出的难受，难以忍受，因此不愿意去上学。他也明白不上学不好，但却无法克服。

诊断：学校恐惧障碍。

【案例2】

患者13岁，女孩，初中一年级学生。因"反复腹痛、不愿上学半年"就诊。初中一年级开始，患者就感到学习压力很大，有次上语文课时老师提问，患者感到特别紧张，回答问题时结结巴巴，没有回答正确。之后，她逐渐出现闷闷不乐的情绪，并且常常在早晨起床后或在上学的路上出现腹痛、面色苍白、恶心、呕吐等症状，无法去上学，有时在学校也会出现类似不适，经常被老师叫家长接回家。此后，她每周只能正常上学1—2天。回家后则能正常学习、玩耍，情绪良好。家长因孩子肚子痛曾多次去儿科、消化内科就诊，做过各种检查，均未见异常。父母提供：患儿自幼性格内向，小学期间学习成绩良好，担任班级学习委员，受到老师和同学们的喜爱。考入重点中学后，成绩一般。

诊断：学校恐惧障碍。

2. 分析讨论

（1）学校恐惧障碍的界定

① 学校恐惧障碍概述

学校恐惧障碍是一种常见的心理障碍，特别是近年来在青少年中发生较多。这种心理障碍主要表现为对学校产生强烈的恐惧和拒绝上学的行为，因此也被称为"拒绝上学"。学校是孩子成长过程中重要的环境之一，但对于一些孩子来说，学校却成了一个可以引发恐惧和焦虑的地方。这种恐惧可能源于多个方面，如与陌生人接触、社交压力、考试压力、学业困难等。当孩子面临这些触发源时，他们可能会出现情绪不稳定、身体不适、躁动不安等症状，并表现出对上学极端抗拒的行为。学校恐惧障碍对孩子的生活和学习产生了极大的影响。这种心理障碍会导致孩子不愿上学，错过正常的学习机会。长期而言，这可能会使孩子的学习进度落后，甚至产生学业不振的问题。拒绝上学的行为也会使孩子与同学和老师的交流减少，导致社交隔离的困境。这会进一步加重孩子的孤独感和心理负担，对他们的心理健康产生更大的负面影响。

② 学校恐惧障碍的临床表现

学校恐惧障碍主要表现为对于上学或进入学校环境感到极度恐惧和不安。学校恐惧障碍的临床基本特征主要包括情绪症状、躯体化症状和行为症状。

a. 情绪症状是学校恐惧障碍的一个主要特征。患者会长时间持续感到恐惧、紧张和焦虑。他们可能会因为担心在学校遭受羞辱或被同学排斥而感到害怕。面对学校或上学的压力，他们经常会出现情绪激动、易怒等情绪不稳定的表现。

b. 躯体化症状也是学校恐惧障碍的一个显著特征。患者常常会出现各种身体不适，如头痛、腹痛、胃痛等。这些身体症状并没有明确的生理原因，但患者对于这些不适感到极度苦恼。他们可能频繁地请假、缺课，以避免进入学校的环境。

c.行为症状也是学校恐惧障碍的显著特征之一。患者常常表现出回避行为，即极力避免进入学校或与同学进行互动。他们可能会寻找各种借口请假，或者表现出拒绝上学、徘徊、逃避等行为。在学校环境下，他们可能会感到恐惧和不安，导致学习和社交能力的受损。

（2）学校恐惧障碍的影响因素

学校恐惧障碍的影响因素是多方面的，包括遗传因素、环境因素和社会因素。

① 遗传因素在学校恐惧障碍的形成中发挥着重要作用。研究表明，有些人天生就更容易感到焦虑或恐惧。这可能与他们的基因有关，他们可能继承了一些促使焦虑反应的基因。因此，如果一个人的家庭中有人患有焦虑或其他精神健康问题，那么他们可能更容易发展出学校恐惧障碍。

② 环境因素也对学校恐惧障碍产生影响。学生在成长过程中可能会遇到一些能够触发焦虑的事件，比如遭受欺凌、学业压力、考试不顺利等。这些事件可能会引起学生对学校环境产生过度恐惧反应。而且，如果家庭环境不稳定、过度保护或缺乏支持，也会增加学生发展学校恐惧障碍的风险。

③ 社会因素也是造成学校恐惧障碍的重要因素之一。社交焦虑是学校恐惧障碍的常见症状之一，学生可能对与他人互动感到害怕和尴尬。这可以是社会压力、同伴关系问题、自我认知问题等造成的。而且，学生可能也会从社交媒体或其他途径获取到学校环境的不实信息，进一步增加他们对学校的恐惧。

（3）案例分析

【案例1】

结合学校恐惧障碍的界定和相关影响因素的分析，对案例1分析如下。

① 症状评估

患者前来就诊的原因是拒绝上学，背后的问题是患者的焦虑情绪，由考试不顺利引起对学校产生过度恐惧反应，害怕老师和同学对自己的负面评价，一到学校就处于心烦、紧张、恐惧中，甚至会有激惹情绪和冲动行为。此外，其母有抑郁症病史，可能导致患者比同龄人更容易感到焦虑或恐惧。

② 个案概念化

针对患者的情况，我们可以对其进行心理干预，与患者一同探究问题产生的原因，了解为什么考试不顺利，是因为自己不够努力还是考试紧张，让患者认识到问题并加以改正的同时，也要让患者学会接受自己的不足。随着学业逐渐繁重，不可能时时都取得最好成绩，并且不要过于关注他人的看法，接受自己在别人心里不是那么重要的事实，提高自我认同感。随后逐渐进行暴露治疗，让患者不断接触到"学校"这个引起焦虑的因素，让其逐渐认识到担心的事情并不会发生，逐渐建立新的情绪体验，使焦虑逐渐减轻。

【案例2】

结合学校恐惧障碍的界定和相关影响因素的分析，对案例2分析如下。

① 症状评估

患者因腹痛不愿上学就诊，背后的问题其实是患者的焦虑情绪，由于初中学习压力大而产生的对学校的过度恐惧反应，表现为躯体不适，虽没有明确的生理原因，但仍然感到苦恼，频繁请假以逃避学校环境。

② 个案概念化

针对患者的问题，我们可以采取心理干预。首先要与患者探讨问题产生的诱因，例如在面对提问时如何不紧张，是否可以在日常多阅读，是否可以在不懂的情况下坦率向老师解释。对患者进行暴露治疗，让患者不断接触到"学校""老师"等引起焦虑的诱因，以打破恐惧体验和"学校""老师"的关联，建立新的情绪体验。纠正患者不合理的认知，认识到不要过于在意他人的看法，学会接受自己的不足。同时，针对患者已经出现的躯体不适，可以通过放松治疗、音乐治疗等方法来消除由焦虑恐惧引起的消化系统症状。

第三节 与情绪相关问题的干预

一、发展性情绪问题的干预

发展性情绪问题（情绪冲动、焦虑不安、情绪多变、心浮气躁）是一种常见的心理健康问题，对个人和社会都产生了一定的负面影响。为了有效应对这些问题，我们可以从自身、家庭、学校以及家校社协同的角度来采取相应的干预策略。

1. 在自身方面，首先要增强自我认知，了解并尊重自己的情绪。通过反思与分析，我们可以更好地管理自己的情绪，并学会放松和调节情绪的方法，如呼吸操、冥想等。此外，建立合理的目标和规划也有助于稳定情绪，增加内心的安全感。

2. 在家庭方面，家长应起到积极的示范作用。他们可以与孩子建立良好的沟通和信任关系，尊重孩子的感受，鼓励他们表达情绪。同时，家长应提供适宜的支持和指导，帮助孩子发展情绪调节的能力。家庭中还应维持稳定的生活节奏，提供稳定的环境和规则，以减少孩子的焦虑感和情绪波动。

3. 在学校方面，教育者应重视情绪管理的教育。他们可以为学生提供情绪管理的课程，并在日常教学中注重培养学生的情商和自我调节能力。此外，学校也可以营造和谐的班级氛围，强调友善与合作，以帮助学生建立健康的情绪表达方式和处理冲突的能力。

4.在家—校—社协同方面，学校和家庭需保持密切的联系与合作。学校可以定期与家长交流学生的情绪状况，并共同制定应对策略。同时，学校也可以与社区进行合作，提供更广泛的支持和帮助，例如心理咨询服务、活动等。

总之，发展性情绪问题需要从多个方面进行干预。个人应增强自我认知和掌握情绪调节的方法；家庭应提供支持、建立稳定的环境；学校应重视情绪管理的教育；而家校社协同则应为孩子提供更全面的支持。通过共同努力，我们可以有效地应对发展性情绪问题，促进青少年的健康发展和社会的稳定。

二、发展性情绪障碍的干预

（一）抑郁障碍的干预

青少年抑郁障碍对个人及社会都带来了巨大的负面影响。对于抑郁障碍的干预应从多个层面展开。面对青少年抑郁问题，单靠医学、心理学的专业力量远远不够，我们应在社会、家庭、个人之间构建良好的动态系统，相互影响、促进改变。

1.医学干预在抑郁障碍的治疗中起到了至关重要的作用。医生通过详细询问病史、身体检查和相关实验室检查，评估患者的状况，并制定个性化的治疗方案。药物治疗是其中的一种常用方式，通过调整神经递质的平衡，缓解患者的抑郁症状。此外，医生还可以进行心理治疗，如认知行为疗法，帮助患者改变消极的思维模式，培养积极的情绪和行为习惯。通过与专业心理咨询师或心理治疗师的沟通交流，患者可以得到情绪上的支持与指导。例如，情绪管理、自我认知和自我控制等方面的技巧培训可以帮助他们更好地应对抑郁症症状和日常生活中的挑战。

2.家庭干预也是非常关键的一部分。家庭成员要理解并支持抑郁症患者，提供情感上的支持，并参与治疗过程。建立一个理解、温暖、稳定的家庭环境，鼓励患者参与到家庭活动中，这可以增强他们的社交能力和自尊心，有助于康复。提高家长的自我教育，家庭教育的对象不只是孩子，更要注重家长自身的成长。在家庭教育中，家长要努力自我成长，去体验并正确认识孩子的生存环境和思维方式。营造陪伴孩子成长的幸福、快乐氛围，从家庭出发，逐渐拓展至社会教育，每个成年人都应为孩子树立一个良好的典范。

3.学校在干预抑郁障碍方面也发挥着重要作用。学校应将心理健康教育置于立德树人的核心位置。学校心理健康教育不仅限于危机干预和处理，更应培养学生的积极心态，增强他们的心理韧性。尽管预防抑郁症和情绪调节的心理教育至关重要，但更需要注重培养所有青少年的积极心理品质，帮助他们发展积极、乐观等正面情绪。学校可以组织心理健康教育活动，提高学生对心理健康的认识和了解。学校可以聘用专门的心理咨询师或老师，为需要帮助的学生提供咨询、指导和支持，并及时发现和介入潜在的抑郁问题。此外，学校应该开展丰富、多元的体育活动和广泛、开放的阅读活动，帮助孩子们形成正确、包容的与他人和社会、世界相处的价值观。

4.社会干预也是必不可少的一环。减少社会过度竞争和内卷化现象，只有当社会竞争得到缓和时，教育竞争才能真正缓解。重新认识并理解青少年的生存环境。各类媒体应加强对儿童、青少年、家长和学校教师等的心理健康宣传，传播心理健康知识，帮助全社会进一步树立"身心同健康"的意识，掌握应对心理行为问题的方法和途径。社会可以提供资源，如提供心理咨询服务，并建立与抑郁症相关的支持组织，以便患者和家属得到全面、多方位的支持和帮助。同时，通过宣传教育，消除对抑郁症的偏见和歧视，让公众正确地认识和对待抑郁症患者。

综上所述，青少年抑郁障碍的干预需要家庭、学校、医疗机构和社会共同协作。心理健康和精神卫生工作是一项系统工程，需要从公众认知、基础教育、社会心理、患者救治、社区康复、服务管理、救助保障等方面全流程予以支撑。在这些方面，仍然存在许多突出问题需要解决，任重而道远。我们需要多方各司其职，加强合作共同努力，为青少年的健康和幸福贡献智慧和力量。

（二）焦虑障碍的干预策略

青少年焦虑障碍是一种常见的精神心理健康问题。尽管遗传因素、环境和心理社会因素在焦虑障碍的发生中起着重要作用，但并不意味着每个患者都具备所有这些因素。不同个体的病因可能不同，因此在干预焦虑障碍时应根据个体情况进行综合评估和个体化治疗。

1. 医学干预包括心理干预和药物干预。心理干预是治疗青少年焦虑障碍的核心。心理治疗方法如认知行为疗法（CBT）和心理动力治疗，可以帮助患者理解焦虑的根源，并教授他们有效应对焦虑的技巧。通过与心理专家的面对面交流和治疗，患者可以逐渐恢复自信，改变消极的思维模式，培养积极的心态。也可以适当使用抗焦虑药物，缓解患者的症状，降低焦虑水平，提高生活质量。然而，医学干预只能作为辅助治疗手段，不能完全替代其他干预措施。

2. 家庭干预也是治疗青少年焦虑障碍的重要一环。家庭成员的支持和理解对患者的康复至关重要。通过家庭干预，家庭成员可以学习如何与患者共同应对焦虑的问题，建立积极的家庭氛围，提供稳定的支持系统。家庭成员还可以帮助患者寻找适合的医疗资源和心理支持机构。

3. 学校干预对于青少年焦虑障碍的治疗也十分重要。学校教育人员需要具备一定的心理健康知识，能够及时发现并帮助患有焦虑障碍的学生。学校可以提供心理咨询服务，组织相关的心理健康教育，鼓励学生交流和支持彼此。学校干预还可以通过改善学校环境和学业压力管理来减少焦虑的发生。

4. 社会干预也不可忽视。社会对青少年的压力和期望是焦虑障碍的重要诱因之一。社会干预包括改善社会环境，减少人们对于成就的过度追求，提倡积极的心理健康观念。社会也应提供足够的资源和支持机构，为青少年焦虑障碍患者提供帮助。

　　综上所述，针对青少年焦虑障碍的干预策略包括医学干预、家庭干预、学校干预和社会干预。这些干预方法应在综合评估个体情况的基础上进行，旨在帮助患者恢复健康，并提高生活质量。对于每个患者而言，选择适合自己的治疗方式和生活调整方式是十分重要的，其效果也将因人而异。

第三章　与人际关系相关的
心理问题

　　人际关系是人与人交往过程中建立起来的一种心理关系。人类的生存和发展需要建立在多种多样的人际关系之上，这些关系对于个体的成长、进步、成功以及幸福至关重要。和谐的人际关系能够带来满足、亲密、幸福的体验；相反，紧张的人际关系则会带来失望、孤单和痛苦的体验。

　　在各种各样的人际关系中，青少年能够更好地了解自己和他人。因此，人际交往既是青少年个性和社会性发展的重要内容，也是必经之路。丰富而良好的人际关系是青少年心理健康发展、人格健全和生活幸福的必要前提。儿童和青少年良好的人际关系有助于他们的社会化和个性发展，促进心理健康，有助于获得知识等。

　　青少年时期是人生发展过程中的一个特殊时期，生理上的逐渐成熟意味着他们不再是孩子，同时心理上的矛盾体验也越发突出。一方面，他们希望了解自己是一个什么样的人，希望保持独立自主；另一方面，心理上的不成熟又让他们害怕承担独立自主的责任或者害怕暴露自己的困惑，仍然依赖于家庭的情感联结。青少年本身的发展特点与父母的教养方式、教师的管理方式和个体本身的互动模式特点相叠加，容易引发各种心理问题，从而影响青少年的身心健康、学业活动和社会技能。

第一节　亲子关系问题

　　亲子关系是一个人最重要的人际关系之一，每个人成长的起点都是家庭。家庭提供了个体成长和发展的基础环境，也是个体体验和学习人际互动的重要模板。家庭最重要的两个功能分别是：第一，给青少年提供稳定的安全感和归属感；第二，让青少年独立自主地从家庭中分离出来。良好的家庭人际环境能够同时让孩子体验到归属感和独立自主，这样的孩子也能够在家庭互动中学会更加丰富和多样的问题解决方法和策略，同时也能够更好地适应生活的变化，应对生活中的挫折。相反，亲子关系紧张，会让青少年缺乏安全感和自主感，从而导致在学业、人际关系和个人发展等多方面出现各种问题。

一、案例

【案例1】

　　A某，女，13岁，现就读于某初中一年级。A某身高1.6米左右，体形较胖，衣着干净整齐，表情紧张严肃，看起来很疲惫。

　　近期经常表现出莫名哭泣和发脾气，不与父母沟通；最近不再对喜欢看的动漫感兴趣；在学校因为一件小事就发脾气，并与男同学争吵甚至打架。在家对母亲的关心也表现出特别的烦躁和易怒；近期老师反映A某上课注意力不集中，经常与同学发生冲突并哭泣，学习成绩急剧下降。A某无法控制自己的情绪，感到焦躁和疲劳，无法专注于学习。

　　A某自述近期换了一个同桌，对方长得漂亮而且学习成绩优秀。刚开始A某与同桌相处得不错，后来被同桌指责她不注重身材管理，之后A某便不再与同桌说话交谈。随后，A某开始出现感到不开心，无法入睡，即使醒来也感到疲倦，白天精力不佳，无法集中注意力的情况；常常心情不好，对周围同学的说话也感到厌烦。因此，多次与男同学发生冲突，之后感到很委屈，觉得自己难以感到快乐。曾经喜欢的动漫不再感兴趣，曾经爱吃的食物也不再喜欢，对上学也失去了兴趣，感觉自己什么都做不好，认为很对不起母亲。在家对母亲的关心也感到烦躁，有时会因委屈而哭泣，有时会与母亲发生争吵，争吵后又感到内疚。成绩也开始逐渐下降，还遭到同学的嘲笑，被老师厌恶。

A某是家中的独女，父母均为某企业职工。A某的父母在她一岁半时离异，并且之后A某一直和母亲一起生活。母亲为了更好地照顾她一直未婚。离异后，父亲再婚，与A某的联系甚少，关心也很少，只每月支付一定的抚养费。

A某从小就特别依恋母亲，而且内向安静，不喜欢表现自己。A某由姥姥照顾长大，姥姥和妈妈在A某学龄前就跟她强调"一定要好好学习，不要像姥姥和妈妈一样没有文化，也没个像样的工作"。姥姥和妈妈在对A某教育的投资方面花费比较多，对A某的期望也很高，平时对她的学业要求比较严格，回家后必须先完成作业，并且成绩必须保持在班级前列。母亲的主要关注点都放在了A某的学业上。A某上小学后学业成绩一直很好，初一上学期的成绩也在班级前列。然而，自从与同桌不再说话之后，A某开始睡眠不好，情绪一直很不好，并且最近经常因为一点小事发脾气，成绩也开始逐渐下降。

得知孩子在学校和同学发生冲突后，A某的母亲首先做出的反应是批评和指责。她表示："我一个人照顾你有多么不容易，你为什么这么让人不省心？你为什么不能处理好同学关系？为什么其他同学都能处理好同学关系，而你却不行？"而在看到A某的成绩下降后，这种批评和指责更加频繁。

【案例2】

B某，男，16岁，现就读于某高级中学二年级。B某身高1.8米左右，体形偏瘦，体态正常，衣着休闲整洁，表情严肃，言谈很有礼貌，看起来十分紧张。近期B某因考试焦虑，在学习时听到他人说话声、翻书声和写字声就感到烦躁不安，写作业时无法集中注意力，同时担心和害怕考试。

初三第一学期，B某第一次月考取得了班级第一名（年级第十名）的成绩，决心要更加努力学习以保持优秀成绩。然而，随着期中考试的临近，越复习越发现自己还有很多知识未掌握，开始担心考试失败。随即开始出现在学习时，听见别人的说话声就感到烦躁和焦虑，学习效率明显下降，内心无法平静，无法专注学习，上课时难以集中注意力，经常走神，无法平心静气地完成作业。第二次月考成绩下滑至班级三十多名，这让B某更加心急和焦虑，无法专心上课和学习，一想到考试就感到恐惧，担忧自己的考试成绩无法达到理想水平。目前，B某处于请假状态。

B某是家中独子，父母均拥有硕士研究生学历并在同一家医院工作。由于父母工作繁忙，B某的日常生活和学习主要由退休在家的姥姥负责。从小，B某就是一个安静，喜欢独处的孩子，同时学习成绩一直出色，在小学阶段通常都是班级前三名，并从未出现过成绩下降的情况。姥姥经常对B某说："姥姥曾经将你妈妈培养成硕士，那么姥姥相信一定能够把你培养成博士。"B某从出生起就由姥姥照顾生活起居等各个方面，而且姥姥对他的要求比较严格，要求他言行有礼貌，做事守规矩。由于B某的学业一直很优秀，父母鲜少操心，并常将他视为骄傲，期望他将来也可以从事医学相关专业的学习，并能够出国深造，对他的期望极高。在月考失败后，父母对此非常焦虑，帮助他报名补习班，并与老师进行沟通。

【案例3】

C某，女，15岁，现就读于某初中三年级。C某身高1.7米左右，体形匀称，容貌姣好，衣着整洁，个性鲜明，表情不屑，给人一种疏离感。

近一年来，C某经常因为学习问题与父母争吵，尤其是当父母要求她学习时。在家中，她对父母和家人的关心表现出异常的烦躁和易怒。近期，她对学习失去了兴趣，甚至不再画她最喜欢的画。相反，她经常盯着喜欢的设计软件发呆，只有在做自己的设计作品时，才能感到内心的平静。由于这些情况，她的学习成绩下降。然而，每当父母谈论学习的事情时，她就无法控制自己的情绪，感到烦躁，不愿意学习。

C某自述自己从小就喜欢画画，并且曾多次获得美术作品奖项。初中时，她开始自学某设计软件，并将业余时间大量投入到该软件的设计中。她计划参加相关的设计大赛，并希望将来能从事与设计相关的工作，成为一名知名设计师。然而，她的父母每天都唠叨她的学习。有一天，在她做设计的时候，母亲又说她不务正业，两人发生争吵后，母亲竟然删除了设计软件，导致她的参赛作品彻底被毁。从此之后，C某开始感到不开心，失眠并容易发脾气。她开始不愿意与父母沟通，无论父母说什么，她都爱答不理，更不想学习，导致成绩下降。而父母念叨学习的情况更加频繁，让C某感到痛苦。有时她会委屈地哭泣，有时又感到内心矛盾，想要坚持自己的热爱，但又无法得到父母的认可，争吵后她会变得烦躁不安。

C某是家中独女，父母均为公务员，他们对C某一直宠爱有加，鼓励她尝试和学习各种事物。C某从小多才多艺，一直是父母的骄傲，父母对她的学业期望非常高，并对她的学业要求比较严格。母亲在C某身上投入许多时间和精力，陪同她参与各种艺术和学习活动。C某上小学后的学业成绩一直居于中上水平，初中开始学业成绩属于中等水平。渐渐地，母亲陆续停止了C某的课余学习活动，希望她将所有精力都投入到学业上，由此引发了一系列冲突。

二、分析讨论

家庭作为个体成长的起点和最重要的场所，对青少年的发展和适应影响巨大。青少年时期个体的认知方式、人格特征、情绪情感等趋于成熟。同时，该阶段的青少年心理发展具有社会性、过渡性、矛盾性的特点。在这个特殊的发展阶段，父母的陪伴、指导和帮助对青少年的健康成长起着重要作用。研究结果显示，青少年的依恋关系对他们的社会情绪发展至关重要。他们能够感受到来自父母的支持，这种支持可以直接预测他们的情绪状态、自我价值观以及情绪水平。相反，如果父母的依恋关系不够安全，就可能会引发青少年的心理问题，甚至出现行为障碍，从而降低他们的心理幸福感。[①]

（一）问题界定

1. 与亲子关系相关的理论

（1）依恋理论

依恋理论是解释人际关系模式的最重要且最具影响力的心理学理论。家庭教育的核心在于建立良好的家庭氛围，这种氛围可以通过建立早期的依恋关系来培养。根据依恋理论，这种早期的家庭依恋关系可以影响到儿童未来的期望、感知以及处理问题的方式，特别是当面对不确定的环境或者不明确的伙伴时。随着年龄的增加，亲子的依恋关系成为影响个体发展的重要心理因素。多项研究结果指出，家庭环境对儿童和青少年的智力、心理以及社会功能的发展具有重要作用。此外，一些有助于改善儿童和青少年依恋模式的实验也证实，家庭环境中的不稳定因素可能导致孩子出现焦虑、抑郁以及攻击性的行为。

和谐的亲子关系以及良好的亲子依恋有助于提升个体对自我的积极表征。青少年与父母的依恋关系对青少年的心理发展、个人成长和社会适应等方面具有重要的影响。青少年与其父母的亲子依恋程度影响其同伴关系、社会适应行为、消极情绪情感、同伴依恋、生活满意度等，亲子依恋与青少年主观幸福感有显著的正相关关系，亲子依恋能够显著预测青少年的幸

---

① 张艳红. 青少年幸福的影响机制及培育路径研究［M］. 北京：中国社会科学出版社，2022.

福感。[①]

（2）动态相互作用模型理论

通过使用动态相互作用模型，可以更好地了解儿童的发育过程，为我们提供有关儿童心理健康的重要信息，并帮助我们更好地了解他们的行为、思维方式以及他们的社会适应能力。根据动态相互作用模型，儿童的成长过程不仅取决于他们的外部环境，还取决于他们内在的个性。因此，可以断定，儿童的成长不仅取决于他们的外部环境，还取决于他们的内在个性。模型的重点在于描述人际关系的变化，也就是说，人们之间的相互作用会在一定的时期内发生变化。这种模型认为，人们可以通过利用外界因素来促进个人的成长。

使用动态相互作用理论分析亲子关系，可以更好地理解孩子的需求。作为孩子的榜样，父母在孩子的成长中扮演着重要的角色。许多实证结果都显示，良好的亲子关系可以帮助孩子获得更多的社交技巧，并减少其不良行为。然而，孩子和成人之间的关系不仅由家庭因素决定，孩子的个性、性格、不良习惯以及各种心理疾病也可能对家庭和谐的发展产生重要影响。

（3）家庭生命周期

家庭生命周期是指家庭按照一定的轨迹形成、发展和分化出新的家庭，直到母家庭消亡的整个过程。在家庭生命周期过程中，母家庭孕育出子家庭并逐渐消亡，而子家庭继续得以延续和发展。家庭的生命周期涵盖了从建立到发展再到衰落的整个过程。不同的家庭生命周期阶段要求成员完成特定的发展任务，以便进入下一个发展阶段。其中，家庭中有青春期孩子的阶段是一个独特的家庭发展阶段，家长和孩子都有着特定的发展任务。从家庭发展周期的视角来看，个体的发展任务可以被视为或者转化为家庭的发展任务。

---

① 谷雨. 初中生感知父母婚姻冲突与生命义感的关系［D］. 南京：南京师范大学，2021.

当孩子进入青春期时，家庭就会面临新的挑战，尤其是围绕着孩子的自主性和独立性问题。这一阶段，家庭需要应对互动过程的重组，从而给予青少年更多的自主空间。家庭在这个阶段需要增加边界的灵活性，允许孩子拥有更多的自主空间，同时也要承担起照料祖父母衰老的责任。

父母应该采取行动来改变家庭关系，为青春期的孩子提供在家庭中自由发展的机会，而不是过多地限制他们，使他们能够从家庭中获得更多的自主权，并转向寻求同伴的支持。在这个时期，亲子关系需要重新调整规则，重新设定界限，并重新定义角色。青少年需要找到自己的平衡点，形成自我同一性，并开始在家庭内部建立起自主性。青少年过于依赖家人或者过于孤立或退缩，都会给家庭系统带来压力。如果青少年过早地从家庭生活中退出，也可能损害家庭功能和家庭的应对能力。有青春期孩子的家庭中，父母也需要接受青春期孩子快速变化的事实，给予孩子更多的自主空间。

（4）家庭派遣理论

德国海德堡家庭系统治疗流派的海尔姆·史第尔林提出了家庭派遣理论。家庭派遣是指父母把孩子派遣出去，离开家庭去执行父母委派的任务。在这个过程中，孩子能够逐渐养成自己的独立性，发展并获得自己独立的人格，发展成一个具有完整人格的独立个体，派遣的这个过程也是家庭中的个体完成自我身份认同的过程。派遣理论认为，亲子之间的情感连接可以通过忠诚来实现，忠诚形成于早期的关系中，尤其是母子之间的关系，会加深人们对家庭的信任，从而增进他们之间的忠诚。由于双方的深厚感情，以及彼此的信任，家长们不可避免地将他们最看重的责任和任务派遣给孩子。子女多少会基于对父母的忠诚，担负起父母在意识层面或无意识层面派遣给自己的各种任务。

派遣是在父母严格控制下进行的，其主要目的是完成父母认为重要的任务。这些任务通常是父母自己未能实现的追求或需求。父母将实现追求和满足需求的任务交给了孩子，由子女来满足父母自身的心理需求和未能实现的愿望。史第尔林依据忠诚纽带的连结强度不同，阐述了派遣理论的三种情况：第一种，父母与子女之间的忠诚纽带连结太强，导致亲子关系过度紧密，使孩子惧怕外面的世界，害怕离开家庭，这样的孩子不知道自己如何做才能够找到自己的发展道路。第二种，父母与子女之间的忠诚纽带连结太弱，父母不赋予孩子任务，导致孩子游离在外找不到忠诚的源头，或者表现出特别叛逆的行为，孩子心中的忠诚过低或者已经消失。第三种，父母之间可能存在矛盾，或者是父母对派遣孩子出去的任务表达模糊，导致孩子不清楚如何在外面完成父母的派遣，不知道自己所做的事情对父母、对自己究竟有何价值。孩子离开父母时，更多的是为了满足自己的需求，而不一定将父母交代的任务置于首要位置。

2. 与心理问题有关的概念

要理解心理问题的概念，首先需要明确一点：心理问题是一个连续谱，是从健康到疾病的一个连续变化的过程。除了传统的心理健康概念外，人们对心理健康的认识也在不断发展和演变，从单一的健康—疾病视角转变为多维度的心理健康，从而更好地理解和应对各种心理问题。随着积极心理学的发展，对心理健康的理解又增加了一个幸福感的维度。换句话说，可以从幸福到不幸福这个维度来理解心理健康，这就是心理健康的二维理论。根据心理健康的二维理论，在没有心理或精神疾病的情况下，存在幸福感低、生活满意度低的情况也可以理解为存在一定程度的心理问题。

此外，对于青少年的心理问题的理解还需要加入第三个角度，即发展的视角。青少年是人生发展的特殊时期，在这个特殊时期表现出来的一些心理问题，需要考虑这些问题是属于心理特征还是发展特征，要根据具体情况进行具体分析。

（二）影响因素

1. 家庭

第一，家庭是个体成长和发展过程中存在的最普遍、最基本、最持久、最亲密的社会团体组织。对于青少年来说，家庭是他们学习和适应环境的基础，同时也是他们独立自主发展的重要基地。在整个家庭环境中，才能最好地理解个体。个体的问题不仅与自身有关，而且与家庭系统中其他成员密切相关。因此，要理解与亲子关系相关的心理问题，需要考虑青少年本身和家庭的影响。

家庭作为个体发展的重要资源，包括家庭环境、父母关系、父母对学业的指导策略、父母对子女的期望等因素，都会影响儿童和青少年的学习动机和认知水平。

第二，家庭系统不仅包括相互影响的个体，还包括相互影响的子系统，即夫妻子系统和亲子子系统。为了更好地理解与亲子关系有关的心理问题，需要综合考虑个人和亲子子系统的关系，以及夫妻子系统的影响。

第三，家庭互动模式是家庭成员共同参与的结果。平衡的家庭结构有利于家庭成员正常交往、发展、学习和问题解决，也有利于实现各项家庭功能。而失衡的家庭结构则会导致家庭出现各种问题，并影响家庭成员自身的发展和家庭整体的成长。在理解个体心理问题时，还需要考虑家庭互动模式的影响。

第四，家庭通常会按照可预测的方向发展变化，如孩子出生、孩子进入青春期、孩子离家等，每个阶段家庭都需要进行相应的发展和调整，以适应特定的家庭生活事件。此外，家庭外部的一些变化，如社会经济环境的变化、自然灾害、搬家等，也需要家庭做出相应调整以适应变化。

2. 亲子关系

亲子关系是一种特殊的人际关系，它涉及亲子双方的情感、人生观和价值观等。这种关系有助于儿童和青少年更好地认识自己的人生观和价值观，并发展健康的人际关系，促进良好的成长。在家庭系统中，父母作为儿童和青少年最重要的交往对象，通过言传身教、互动方式和解决问题的态度等对儿童和青少年的性格和行为产生影响，因此亲子关系是家庭系统中影响个体成长和发展的最重要因素之一。过去，人们一直在探究亲子关系质量对儿童和青少年的影响，然而，不同的研究常导致评估亲子关系质量的方法和角度不尽相同。综合来看，以往对亲子关系质量的评估通常包含以下几个方面：一是亲子关系之间的依恋程度。二是亲子之间的互动模式，可以通过观察父母的行为、态度、语言和习惯来衡量，如父母的支持、父母的拒绝、父母的忽略等。三是家庭教养方式，通过父母的教育方法来影响孩子的发展。父母的教育理念、行动和态度都会对孩子的成长产生影响，这些理念和态度会在特定环境中发生变化，但最终都体现在家庭关系中。亲子关系的质量可以说是孩子成长过程中最关键的要素之一，而家长的教养方式则可以作为评估亲子关系的重要参考。作为孩子的引路人，家长可以帮助孩子树立正确的价值观，从而促进孩子的健康成长，减轻他们的心理压力，提升他们的社交能力，从而形成良好的家庭氛围。最近的一项调查显示，那些家庭环境较为融洽的孩子，他们的社交技巧、学习表现以及心理健康状况都要优于那些家庭环境较为恶劣的孩子。①

亲子关系的影响因素及其对青少年发展的影响成为近几十年发展心理学研究的重要内容。亲子关系方面的研究主要包括：第一，父母教养对儿童发展的影响；第二，亲子关系对不同心理内容发展的影响；第三，亲子关系对学业成绩的影响。

父母的教养方式、教养态度和教养行为是亲子关系研究中最重要的组成部分。采用民主型教养方式的父母不仅能够明确规范儿童和青少年的行为，而且还能促进他们的自主性发展，从而培养出自信、独立、好奇心、自律和乐于交往的个性特质。专制型教养方式强调儿童和青少年的服从和遵守规则；而放任型教养方式对儿童的行为要求较少。专制型和放任型教养方式都会对儿童和青少年的个性发展产生消极影响。

---

① 田菲菲，田录梅. 亲子关系、朋友关系影响问题行为的 3 种模型［J］. 心理科学进展，2014，22（6）：968-976.

根据最新的研究结果，父母教养态度不一致会显著改变孩子的个性和心理状况。其中，父母的干预和抵制会给孩子的心理健康带来严重的负面影响，而这种负面的影响对青少年的十四种人格因素中的六种有显著影响。在专制的家庭环境中，由于父母的过度溺爱，导致的后果是孩子的成长可能会出现拖延、情绪不稳定、无法承担更多的责任，并可能会失去对未来的追求，从而导致他们的个性特征、思维模式、价值观念等都可能出现偏离正常的状况。[①]

研究表明，亲子关系可以间接地影响孩子的学业成绩，但这种影响并不是直接的，而是通过影响情绪和行为进而影响学业成绩。孩子们在学习上遇到的困难，不仅受到个人认知能力和智力结构的限制，也可能与他们的某些行为问题或类型有关，这些问题可能源于家庭环境和亲子关系中的心理行为特征。

安全型的亲子依恋对青少年的幸福感有显著的正向预测作用，而不安全型的亲子依恋则显著负向预测其幸福感水平。青少年与其父母有良好的依恋关系，会使其对生活各方面有更积极的评价并体验到更高水平的主观幸福感，而不安全的亲子依恋会导致青少年出现各种心理和社会适应不良问题。良好的父子关系和母子关系能够降低青少年产生抑郁情绪的风险，对青少年的情绪和情感起保护作用。高中生的父子依恋与母子依恋存在相关关系，且二者与青少年的积极情感、生活满意度呈现正相关，即高中生的亲子依恋程度越高，其主观幸福感水平越高。

研究表明，亲子关系对儿童和青少年的各个方面以及未来发展产生深远影响。因此，学习如何建立良好的亲子关系和如何培养良好的学习习惯变得越来越重要。只有当亲子之间能够彼此尊重、坦诚交流，才能够建立一个健康的、有爱的、温暖的家庭环境。尽管大多数家庭中可能仍然存在

---

① 天津市教科院《少年亲子关系与教育》课题组，孟育群. 关于亲子关系对少年问题行为及人格特征的影响的研究［J］. 教育论丛，1992，15（3）：24-37.

一些矛盾，但如果这些矛盾演变为仇恨、攻击或无法解决的矛盾以及冷淡，就可能让孩子对自己的生活和家庭产生恐惧，进而导致他们的情绪变得更加脆弱、多变、沉默和焦躁。

马斯洛指出，安全感是一种独特的情绪，它来源于对未来的信心、安全感和自由，它能够满足个体现在和未来的所有需求。此外，安全感也是决定心理健康的关键因素，可以被看作是心理健康的一个重要指标。由此我们可以看到，青少年对父母关系的感知，会影响他们的安全感、自信心等多方面的品质，进而影响他们的环境适应能力和问题处理能力。

3. 父母本身的特质

根据尹霞云的研究，父亲的个人特征、孩子的个性、家庭环境以及家庭背景都会对孩子的成长产生重要影响。父亲的教育水平、教育方式、心理健康状况、对婚姻的态度、家庭环境的影响力，以及孩子的性别、年龄、社会经济地位，都会对孩子的成长产生重要的影响。①

（三）案例分析

结合相关的理论和影响因素对本节的三个案例分析如下。

【案例1】

1. 心理问题表现

案例1中，A某表现出的心理问题主要包括以下几个方面：一是行为方面，具体表现为莫名哭泣和发脾气，不与父母沟通，失眠，醒来后仍感到疲惫，上课注意力不集中，学业成绩下降，处理同学关系困难；二是情绪方面，具体表现为委屈、难过、烦躁、易怒、易疲惫、兴趣下降；三是认知方面，具体表现为上课注意力不集中，"认为自己什么都做不好""认为同学、老师都不喜欢自己"。

---

① 尹霞云. 儿童与父亲的关系：影响因素及儿童的心理适应 [D]. 长沙：中南大学，2012.

2. 心理问题解析

诱发因素：近期换了同桌，对方长得漂亮而且学习成绩优异；被同桌批评不注重身材管理；学习成绩下降；与某同学发生冲突；母亲得知冲突后表现出批评和指责的态度。

维持因素：A某在1岁半时父母离婚，导致与母亲的依恋关系过于亲密，而与父亲的关系过于疏远。此外，父母离异还使得A某的成长环境缺乏良好的父母互动模板，可能导致A某在解决人际冲突方面缺乏能力，或者学习到的应对策略较为单一。A某由姥姥和母亲抚养长大，而且姥姥和母亲对A某的教育投入多，同时期望值也很高，这容易使A某形成较为单一的自我价值评价标准，进而在学业成绩不理想时全面否定自己，并承受较大的学习压力。案例1中还可以看到，母亲对A某的学业要求严格，回家后必须先完成作业，成绩必须保持在班级前列。可见母亲在教养态度上至少在学业方面较为专制，这样A某很难与母亲表达自己真实的想法和需求。母亲与A某之间关系亲密，也很难形成适当的亲子边界，当A某遇到问题时，母亲未能意识到困难所在，而是直接对对方进行指责，这会进一步加剧A某的情感压力。正是在这样的循环中，A某难以发展出新的应对策略，问题得以持续和发展。

保护因素：A某从小就成绩优异，说明她对学业有较高的自我要求，并表明她在学习上非常努力。这种高要求和努力都可以成为改变的资源。

3. 干预策略

（1）自身方面

首先，A某需要关注自己的心理健康，监测自身的情绪状况，并主动进行情绪调整和调节。其次，她可以通过学习人际交往技能并参与各类集体活动，提升自己的社交能力和策略。最后，如果个人尝试不见效，她应该及时寻求专业帮助。

（2）家庭方面

首先，A某的母亲应与她进行有效的沟通，了解她的心理需求，并给予适当的引导和支持。例如，教导A某如何应对他人的否定或批评。其次，母亲可以与老师进行沟通，了解孩子在学校人际交往中遇到的实际困难和情况，并与老师合作，协助孩子解决问题。最后，如果孩子的情绪困扰持续存在且没有好转，考虑带孩子就医。

（3）学校方面

首先，老师在了解到A某的情绪问题后，应及时与家长进行沟通，分享相关情况。其次，老师应了解A某的需求，并协助她解决一些实际问题，比如座位调整等。最后，建议A某接受心理辅导，以帮助她处理情绪问题。

【案例2】

1.心理问题表现

案例2中，B某表现出的心理问题主要包括以下几个方面：一是行为方面，具体表现为写作业时无法集中注意力，学习效率明显下降，难以静心学习，经常走神，无法心平气和地完成作业；二是情绪方面，具体表现为担心、害怕和烦躁；三是认知方面，具体表现为上课难以集中注意力，"担心考试成绩不理想""害怕学习学不进去"。

2.心理问题分析

诱发因素：B某的焦虑主要源于两类情境：与考试相关的情境和与学习相关的情境。

维持因素：在B某的成长经历中，严格的家庭教育、父母对学业的高要求和期望，以及由于父母工作忙碌与B某的分离造成的冷落等负面经历逐渐形成了B某的"我没有用、我不可爱"等信念，并与"灾难化、完美主义"等相关的信念相互作用。这些信念让B某对考试失败产生更强的信念，也让他对学习情境更加敏感。当B某面临类似情境时，他倾向于产生灾难化的解释，如"我考不上大学就完了""我注意力不集中就无法学习"

等。这些解释会引发强烈的焦虑和恐惧，并促使B某采取一系列缓解焦虑的回避行为，例如拖延、分散注意力和深呼吸，从而陷入焦虑的恶性循环中。在面对B某成绩下降这个问题时，父母选择报补习班和与老师沟通的方式可能既让B某感受到父母在帮助其解决困难，同时也增加了学习压力。

保护因素：B某本身具备良好的学业成绩和学习能力，他对自己的高要求和努力学习的行为是内在资源。此外，父母对B某的关心和支持，以及他们自身所拥有的社会资源也是促使B某改变的资源。

3. 干预策略

（1）自身方面

首先，B某需要关注自己的心理健康，监测自身焦虑情绪，并主动进行情绪调节。其次，他应该评估自己应对焦虑情绪的办法是否有效，是否只是短期缓解而非长期维持，需要培养增强焦虑情绪的耐受能力。最后，如果个人尝试不见效，B某应该及时寻求专业帮助。

（2）家庭方面

首先，家长除了关注孩子的学业状况外，也要重视孩子的情绪状态。其次，家长应与B某进行有效的沟通，了解他的心理需求，并给予适当的引导和支持。最后，如果孩子的情绪困扰持续存在且没有改善，考虑带孩子就医。

（3）学校方面

首先，老师在了解到B某的情绪问题后，应及时与家长进行沟通，分享相关情况。其次，了解B某所面临的困难和需求，并协助他解决一些实际问题，例如教授一些放松的方法。最后，建议B某接受心理辅导。

【案例3】

1. 心理问题表现

案例3中，C某表现出的心理问题主要包括以下几个方面：一是行为方面，具体表现为学习时经常发呆，不愿学习，学习成绩下降，与父母频繁发生争吵；二是情绪方面，具体表现为父母一提及学习的事情就情绪激动，感觉烦躁、易怒；三是认知方面，具体表现为认为父母不理解自己，并且只关注学习成绩。

2. 心理问题解析

诱发因素：母亲删除了 C 某习惯使用的设计软件和最新的设计作品，并临近中考。

维持因素：C 某的父母在养育过程中较为民主，鼓励她尝试各种自己喜欢的事物，但对她的学业成绩和学习行为相当执着。同时，父母对她的学业期望很高。而 C 某本身非常在意自身发展，尤其是爱好，也非常希望得到父母的认可和支持。然而，父母只重视学业问题，未充分尊重 C 某的兴趣爱好。家庭双方在对待学业态度上存在差异，C 某乐于从美术、设计等多个领域中体验快乐和自身价值，而父母对此不予认可，且要求她把所有时间都投入到学业中。这使得 C 某既不愿接受也无法接受。C 某的行为，包括与父母吵架以及不愿学习，更像是在争取自主权，表达"我的时间我自己决定"，但父母未理解她的表达，将其行为视作放弃学习，进一步加剧了焦虑，导致沟通陷入恶性循环，双方无法看到彼此的需求。

保护因素：C 某在美术和设计方面表现出色，取得了不俗的成绩，也有成就感。

3. 干预策略

（1）自身方面

首先，C 某应关注自身心理健康，监测情绪状况，并积极进行情绪调节。其次，与家长主动沟通，说明自己的价值追求和人生目标。最后，尝试多种方式积极与父母沟通。

（2）家庭方面

家长应与 C 某进行有效沟通，了解她的心理需求，并给予适当引导和支持。C 某的需求十分明确，希望拥有自主选择的权利。家长应意识到当自身价值观与孩子不一致时，在充分尊重孩子价值选择的基础上，进行有效沟通，并向孩子说明自己的期待。

第二节　同伴关系问题

随着年龄的增长，青少年阶段的个体将在家庭关系的基础上拓展其他人际关系，他们与家庭的联系逐渐变弱，同时与同伴的联系变得更加密切。通过同伴接纳、同伴依赖满足陪伴、承诺等情感需求。高质量的同伴关系对于青少年的健康成长至关重要。

一、案例

【案例1】

D某，男，14岁，现就读于某初中二年级。身高1.5米左右，体形偏胖。D某为家中独子，父母是大学同学，均从事医务工作。

D某主诉：自己是一个特别认真负责的人，进入初中后，他自愿参选班干部并担任班长职务。一年多的班长工作使D某感到压力很大，学习和生活中的许多事情都不如他期望的那样。他对自己的学习成绩不满意，班长的工作也不顺心，更重要的是同学关系也出现了问题。前几天，班主任要求组织一次主题班会，他和几名班干部想商量主题和方案，但其他同学不仅不配合，还冷言冷语地说，"你能干，自己定吧"。D某感到很生气，找班主任告状，却没有得到老师的支持，反而被老师说，"好好反思一下自己的工作方法"。D某更加生气了，因为平时没有什么可以倾诉的知心朋友，这件事发生后，他既烦恼又气愤，却无人可以倾诉。近期，D某经过反复思考，觉得自己非常孤单也很委屈，他渴望把工作做好，却得不到大家的支持和理解。此后，他开始不再与同学沟通，直接去做自己的事，但却感到更孤单，被同学们疏远。最近，他因为同学关系的困扰无法专心听课，注意力不集中，并经常失眠。

【案例 2】

E 某，男，16 岁，某高一在读。进入高中学生生活后，学习压力变得更加沉重，以至于在连续两次的月考中，都未能达到自己的期望分数。通过网络游戏聊天了解到几个线上同伴也有类似的经历，感觉自己能够获得线上同伴的理解和支持。同时，在网络游戏中体验到赢的成就感和自豪感，这种体验与现实生活中的学业成绩不理想形成了鲜明对比，同时这种成就感和被理解的感觉也让 E 某沉迷于网络游戏中无法自拔。

E 某的父母均为教师，E 某自述从小父母对他的各方面要求都比较严格，对他的期望也非常高。父母非常重视他的学业，他们为他制定明确的学习目标，并且严格限制他的不良行为，以便让他更好地实现自己的目标。此外，他们还会关注他的日常生活，在遇到困难时也会给予必要的鼓励和支持。本学期第二次月考成绩不理想，E 某很自责，而父母并没有责备他，而只是鼓励他要更加努力。然而，E 某却感到对不起父母，因为学习成绩并没有明显变化。随后，父母对他未能完成设定的学习目标进行了严厉的批评，他仍然认为自己不够努力，成绩没有改善。学业上的无助感好像只有线上同伴才能理解，当学习进程不顺利的时候他就经常与线上同伴聊天，或者玩网络游戏，逐渐发展到离不开网络游戏。[①]

【案例 3】

G 某，一名 14 岁的初中二年级学生，从小就表现出色。初一时，他在一款网络游戏中认识了一位女孩，两人建立了恋爱关系。G 某认为女朋友能够理解他，因此经常与女朋友视频聊天、约玩游戏，家人得知后禁止

---

① 金叶，刘阿恒，叶存春. 从个案分析探讨不同父母教养方式对中学生网络成瘾的影响［J］. 心理月刊，2022，17（3）：211-213.

他上网玩游戏，并对他进行严格的监督和管理，甚至有时会打骂他。然而，这些措施并没有取得任何成效，反而导致了他的成绩下降。

G某的父亲做生意，家庭经济条件优越，母亲是一位全职家庭主妇。尽管父母均为初中毕业，但对于G某的学业有着很高的期望。父亲脾气暴躁，经常发火，由于G某的成绩下降，父亲经常责骂母亲，母亲则忍受着，但对G某，只要他做的事情不符合父亲的心意就经常被父亲批评和打骂。而现在，G某即将面临中考，父母对他的要求变得更加苛刻，严格强调谈恋爱会影响学习，并将目前的成绩下降完全归因于谈恋爱这件事情。尽管父母要求越来越严格，G某仍然不想放弃他的恋爱关系。他觉得父母根本不理解自己，只会打骂、说教。他认为只有女朋友才能真正理解自己，而且女朋友也在鼓励自己学习，与父母所说的恋爱对学习产生负面影响的说法完全不同。父母越是反对，他就越不想听他们的，越是封闭自己，不愿与父母沟通。他认为"说了也没用，他们根本不会听我说的话，也不会相信我"。每天应对父母的反对，使得G某感到非常烦躁，经常发脾气，也感到很无助，导致他不想学习，也学不进去，感觉"每天都被母亲监视，这让我更不想学习"。

二、分析讨论

（一）概念界定

1.同伴关系

同伴关系主要指同龄人之间或在心理发展水平相当的个体之间建立和发展起来的一种人际关系。同伴关系在儿童和青少年的成长和发展过程中具有独特的作用。它不仅影响着青少年的生活，还会对他们的未来发展产生影响。特别是在青春期，他们更需要友谊和人际支持来适应社会环境。

随着成长，青少年与他人的交往变得越来越频繁，他们之间的交流也变得越来越密切。这个时期，他们的社交圈子不断扩大，社交范围也远远超出了家庭的范围。但是，如果缺乏足够的社交伙伴，他们可能会感觉到孤独和自卑。随着年龄的增长，同伴对于青少年的健康成长的作用将逐渐超越父母的影响。他们不仅可以通过建立良好的同伴关系实现和体验自我价值，而且还能克服心理上的孤立，并获得心理上的支持。

同伴关系实际上是一种心理关系，它是一个多水平、多层次、多侧面的人际网络结构。同伴群体作为微观系统，对青少年时期的个体的心理发展和社会适应具有重要影响。青少年的幸福感与他们的同伴关系密切相关，并且这种关系直接影响着他们的幸福感。

同伴关系是青少年重要的发展背景，个体能够在同伴关系中获得许多无法从家庭或其他环境获得的行为、态度和经验。同伴关系具有更高的平等性和自愿性，为青少年的社会化提供了独特的背景。随着个体进入青少年期，同伴成为青少年获取社会支持和获得归属感的重要对象。与同伴形成良好的互动和稳固的社会联系对于青少年而言是一项重要的发展任务。

良好的同伴关系是青少年获得归属感和自尊的重要来源，也是青少年抑郁的一种保护性因素；同伴拒绝则会损害他们的社交技能和认知方式，影响良好的自我价值感的形成，进而增加青少年患抑郁的风险。高质量的同伴关系为青少年提供了情感表达的机会和潜在的问题解决途径，使青少年感受到支持和理解，进而缓解消极经历对青少年的影响，减少了青少年出现抑郁症状的可能性。尽管青少年能够从友谊中获得上述积极的影响，但他们也会面临朋友之间的消极互动，如冲突、压力和排斥等。亲密朋友之间的消极互动与青少年抑郁的联系更加紧密。而这些消极互动往往与青少年较低的自尊、较差的学业适应以及更多的抑郁症状有关。[①]

青少年的友谊和互动是其成长过程中至关重要的一环，它能够激励青

---

① 杨逸群. 青少年早中期男女生的抑郁症状［D］. 济南：山东师范大学，2020.

少年拥有强大的自信，并且能够带给他们积极的情绪体验，但若友谊缺失，就容易引起孩子的负面情绪，比如孤僻、烦躁、失眠、忧伤等。当一个青少年的同伴关系变得紧张时，他就会想尽办法去缓解自己的心理压力，并且利用网络游戏这种新兴的娱乐工具来获得快乐。然而，许多青少年很容易沉迷于网络游戏，并且无法自拔。

根据幸福感自我决定模型，个人的基础心理需求包括三个方面：建立关系、独立自主和获得认可。与主观幸福感相对应，社交情感和友谊与个体幸福感有着紧密的联系，可以预测个体的幸福感。社交情感、友谊与心理异常状态呈负相关关系。

根据社会需求理论，各种关系可以为个体提供多样化的社会支持，从而满足他们的多元化需求，使他们能够更好地适应社会环境。Furman 等学者对儿童和青少年在一般同伴关系和亲密同伴关系中的社会需求进行了区分。他们认为在一般的同伴关系中，个体主要获得归属感和包容感，而在亲密的同伴关系中，个体更倾向于获得亲密感、可靠感。同时，增进自我价值、陪伴、指导性帮助等社会需要在一般同伴关系和亲密同伴关系中均可获得。

社会心理学的研究认为，社会关系是影响青少年幸福感的主要因素之一，其中主要包括家庭关系、同伴关系和师生关系等。优质的人际交往可以为青少年提供宝贵的指导和帮助，保护他们的身心健康；相反，缺乏人际交往可能会损害他们的自尊，引发一系列情绪障碍，如焦虑、抑郁和失落，从而降低其心理健康水平。

2. 在线同伴关系

随着互联网的发展，网络在我们的现代社会中日益深入地影响着我们的生活方式。通过互联网，我们可以建立各种多样化和丰富的人际关系，从而拓展我们的视野、思维和知识面。互联网使获取信息变得更加便利，但也引发了虚假信息、网络欺诈、网络成瘾、信息过度公开、过于商业化等问题。网络所带来的生活方式的改变，也深刻地影响着青少年的健康成长。青少年通过网络可以获取各种信息、结交朋友，以及参与各种休闲娱乐活动。然而，每一种活动都可能对心理健康产生双重影响，既可能促进心理健康，也可能损害心理健康。

不良同伴关系对青少年心理健康带来潜移默化的负面影响。实证研究发现，同伴是否具有吸烟、酗酒、吸毒等成瘾行为以及对此类行为的态度以及同伴压力是影响青少年物质成瘾行为的重要因素。有关网络成瘾的研究结果显示，同伴的网络过度使用行为、态度和网络使用同伴压力与网络成瘾之间存在显著正相关关系。而且，网络过度使用行为和态度通过同伴压力的中介作用对网络成瘾行为产生影响。按照社会学习的原理，青少年能够从他人的行为中获取启示，进而改变自己的行为，即使在受到他人赞扬的情况下也能获益。然而，按照同伴规范的原理，他们的行为也会受到外部环境中他人的期望、认知和价值观等因素的约束，从而给他们带来极大的心理压力。

网络游戏逐渐成为青少年群体重要的休闲娱乐方式，其对青少年的影响也备受关注。近年来，网络游戏变得越来越复杂，种类更加丰富多样，社交功能也越来越强，玩家可以通过多种互动方式进行游戏，其中最常见的是合作与竞争这两种游戏互动方式。谭玥调查了初中生的网络游戏使用基本情况并探究网络游戏中两种典型互动方式（合作、竞争）对初中生同伴关系和亲社会行为的影响。研究结果表明，80.9% 的初中生使用网络游戏。在工作日，玩游戏与同学关系呈现出显著的负相关性，而在周末，玩游戏与社交价值呈现出显著的正相关性。此外，玩游戏与同学关系以及玩游戏与亲社会行为倾向也存在着显著的正相关性。因此，玩游戏的时间与同学关系之间存在显著的负相关性，而玩游戏时与同伴进行互动的次数与社交价值之间则存在显著的正相关性。当游戏玩家的关系为网络上的陌生人时，游戏互动方式对同伴关系和亲社会行为水平没有显著影响；当游戏玩家的关系为线下的朋友或者认识的非朋友关系时，游戏互动方式对同伴关系和亲社会行为水平有显著影响，合作的游戏互动方式下，同伴关系和亲社会行为水平更高；网络游戏玩家关系类型对同伴关系和亲社会行为的影响不显著。①

3. 恋爱关系

恋爱是一种建立在性吸引力和深厚情感纽带之上的人际交往关系。尤其是对于青少年而言，在进入青春期后，他们会改变对异性的看法，重新认识和了解异性，不仅将他们当作朋友或伙伴，还将他们当作可以深入交往的对象，从而开启一段全新的交往模式，表达出对异性的喜爱和关注。青少年的恋爱关系呈现出独特的发展趋势。在青春期早期，他们与异性的交往关系通常是浅层和短暂的，更多地体现为一种亲密和陪伴关系，类似于同伴相处模式的延伸。随着青少年的心理发展逐渐成熟，他们之间的互惠关系也越趋稳固，但是他们之间的恋爱关系却存在着极大的不稳定性，通常只能维持数周至数月，一旦出现行为或情感上的分歧，就可能导致恋爱关系的终止。

在社会文化规范的约束下，国内教育实践大多使用"早恋"这一概念来描述青少年与异性的浪漫关系，并认为恋爱会对青少年的学业表现产生消极影响，甚至诱发更极端的偏差行为。随着社会的发展和时代的进步，人们越来越意识到恋爱对孩子的成长和成熟至关重要。许多研究人员正努力探索如何正确看待和处理孩子的恋爱问题，以帮助他们更好地适应和成长。通过建立良好的人际互动，可以帮助孩子实现自我价值，并促进他们的健康成长。一些研究人员认为，在青春期，适当的异性交往有助于他们更好地理解和认知世界，并增强他们的社交技巧。然而，需要指出的是，在这个时期，男女感情的发展可能存在较大的波动。当受到极大的情感压力时，青少年很容易产生激进的行为，并且可能导致心理上的损害，而不

① 谭玥. 网络游戏互动方式对初中生同伴关系及亲社会行为的影响［D］. 南宁：广西民族大学，2020.

良的婚姻状态更是可能导致极其糟糕的后果，从而对他们的学习表现产生不利的影响。[①]

（二）影响因素

1. 亲子关系

家庭是影响青少年社会化的重要因素。它不仅为他们的同伴关系提供坚实的情感基础，还能影响他们早期在家庭环境中形成的许多品质，进而影响他们的心理发展。亲子关系是家庭中最重要的两种关系之一，它不仅影响家庭的和谐氛围，也深刻地影响孩子的心理健康。

父母关系对同伴关系有影响。青少年感知到父母关系越好，父母感情越和谐，其同伴关系也表现得越好。这说明父母关系和家庭氛围是影响青少年外在交往行为的重要因素。良好的夫妻关系有利于营造和谐的家庭环境，对青少年的健康成长具有积极作用。

亲子关系对于青少年的同伴关系具有明显影响。与父母的关系越亲近，同伴关系表现得越好，其中母子关系的影响大于父子关系。这可能是因为父母在家庭生活中扮演的角色不同，母亲往往承担更多的家庭事务，对青少年的陪伴与照顾更多。

2. 个体特征

人格问题或人格障碍是导致同伴关系不良的主要原因之一。人格障碍最突出的症状就是人际交往问题。青少年同伴关系问题中，由于人格问题导致同伴关系不良的占比超过60%。这些青少年由于人格社会性发育不成熟，缺乏与同龄人交往的能力，也无法建立良好的同伴关系。拥有乐观、积极、包容、友爱、慷慨的个性，并且具备温暖的爱心，可以更容易地融入社会，获得更加友好的人际氛围。然而，如果个性冷漠、疏离、傲慢、偏激、

---

① 金红昊, 杨钋. 青少年恋爱行为的同伴效应研究[J]. 北京大学教育评论, 2021, 19（2）: 64-83, 189.

缺乏理解力，很可能难以融入社会，无法获得良好的人际关系。

社会性发育迟滞也是导致同伴关系交往困难的原因之一。实际上，在幼儿期就表现出社交困难的儿童，并没有明显的异常行为，因为同伴关系对其影响较小。但到了青少年阶段，他们开始重视同伴关系，却没有能力建立起来时，就会出现一系列心理困扰和问题。

3. 环境因素

环境的变化会导致同伴关系问题。在青少年群体中，还存在许多因环境适应不良而引发的同伴关系问题，如小学升入初中或初中升入高中后的一段时间，这既是适应问题，也是人际关系问题。

由于青少年的社交范围广泛，他们可以在不同的地方进行交流，这就涉及空间距离的影响。他们可以通过与同班同学、住在同一个小区的朋友等多种方式进行接触，从而更容易建立友谊，并可能发展出更深厚的友谊关系。

交往频率的高低与同伴关系的形成息息相关，交往频率越高，建立同伴关系就越容易，反之，交往频率越低，形成同伴关系就越困难。因为交往次数增多，彼此之间的了解加深，共同的经历和话题也就越多。高频率的交往有助于促进同伴关系的发展。虽然交往的频率与距离的远近有关，但也不是绝对的。有些学生尽管长时间在同一个学习小组或和某位同学坐在一起，但由于性格、兴趣爱好、个人特点等原因，交往频率并不高。

（三）案例分析

结合相关的理论和影响因素对本节中的三个案例分析如下。

【案例1】

1. 心理问题表现

在案例1中，D某表现出的心理问题主要包括以下几个方面：一是行为方面，具体表现为他不愿意与父母沟通，出现失眠问题，上课无法集中注意力，处理同学关系困难，并回避与同学沟通；二是情绪方面，具体表现为委屈、难过、孤独、易怒、易疲惫、兴趣下降；三是认知方面，具体表现为上课注意力不集中，认为别人都不理解自己，也认为同学和老师都不喜欢他。他感到非常孤单和委屈，想把工作做好，却得不到大家的支持和理解。

2. 心理问题解析

诱发因素：近期由于班级工作，其他同学不仅没有配合，还冷言冷语地说，"你能干，自己定吧"。D某很生气，向班主任告状，结果不但没有得到老师的支持，反而被老师指责，"好好反思一下自己的工作方法"。班级工作不与同学们沟通后，感觉被同学们排斥和疏远。

维持因素：D某为家中独子，父母是大学同学，均从事医务工作。因为D某是独生子女，父母工作繁忙，可能会导致他在成长过程中缺乏社交环境的学习和锻炼。父母的忙碌工作使他们能够陪伴D某的时间较少，沟通机会也有限。这可能导致D某在社交技能方面得到的教导和引导相对较少。D某非常认真和负责，在做事时追求完美，对自己的要求较高。这可能导致他在处理事情时较为死板，特别是在社交场合中，对他人的要求也较为严格。由于他花费较多的时间用于学业，社交锻炼的机会较少，加之可能缺乏社交技巧。在学校教育中，老师对于D某的反馈较简单，没有充分了解他在班级工作中所遇到的困难，也没有给予适当的支持和引导。

保护因素：D某的认真负责态度使他在学业方面比较有成就感。此外，还可以借助父母的资源获得一定的支持。

3. 干预策略

（1）自身方面

首先，他需要关注自己的心理健康，监测情绪状况，并主动调整和调节情绪。其次，他应该积极学习人际交往技能，多参加各类集体活动，通过与他人互动来学习更多的交往技能和策略。最后，如果自己无法有效改善情况，应及时寻求专业帮助。

（2）家庭方面

首先，家长应与 D 某进行有效沟通，了解他的心理需求，并给予适当的引导和支持。当孩子不知如何回应否定时，家长可以教他具体应对方式。其次，家长还应与老师沟通，了解孩子在学校人际交往中的实际情况和遇到的具体困难，并与老师合作，共同帮助孩子解决问题。最后，如果孩子的情绪困扰持续存在且无改善，应考虑寻求医疗方面的帮助。

（3）学校方面

首先，老师在了解 D 某的情绪问题后，应及时与家长沟通相关情况。其次，了解 D 某的需求，协助解决一些现实问题，比如讨论更换工作岗位等。最后，建议 D 某接受心理辅导，为他提供专业的支持和指导。

【案例2】

1. 心理问题表现

案例 2 中，E 某表现出的心理问题主要包括以下几个方面：一是行为方面，他投入了越来越多的时间进行网络游戏，导致上课无法集中注意力，并回避与同学进行交往；二是情绪方面，他感到无助、内疚和自责；三是认知方面，他对学习不感兴趣，无法专注听讲，并且有种认为自己没用的想法，认为只有通过网络才能体现自己的价值，才能获得成就感和自豪感，还相信只有网络游戏中的朋友才能理解他。

2. 心理问题解析

诱发因素：E 某刚进入高中生活，学习环境改变。他近两次月考成绩不理想，因为没有完成规定的学业任务被父母批评。E 某与网络游戏中的玩伴聊得来，与对方有共同经历，能够获得共鸣和理解。

维持因素：E 某为家中独子，父母都是教师，从小父母对他的要求较高，期望也很高。E 某可能内化了父母的高要求，并认为如果自己没有达到理想的成绩，就是失败的、没有价值的。在进入高中后，他可能还没有完全适应学习节奏和方式，也尚未适应高中的人际环境，导致他在班级中没有交到好朋友。两次考试让 E 某产生了强烈的挫败感和无力感，因此他从网络游戏中寻找成就感和自豪感。同时，在网络游戏中他建立了良好的关系，认为只有游戏中的朋友才能真正理解他。因此，他投入更多时间进行网络游戏，导致学业任务未能完成，接受父母批评后他更加坚定地认为父母不理解他，从而陷入了恶性循环。可见，父母与孩子之间缺乏对网络使用问题进行深入清晰沟通的机会，也没有共同设立的目标。

保护因素：E 某具备良好的学习能力，短期内他通过网络游戏能够获得成就感，这表明他的学习能力并没有问题。父母对待 E 某的教养态度比较民主，并且能够给予一定的支持，但缺乏沟通，未能发现孩子所遇到的困难。E 某内在的高要求和高标准，如果能够灵活使用，也可以成为改变的资源。

3. 干预策略

（1）自身方面

首先，E 某要关注自己的心理健康，监测自己的情绪状况，并主动进行情绪的调整和调节。其次，还需要学习人际交往技能，多参加各类集体活动，通过与他人的互动学习更多的交往技能和策略，并增加现实社交活动，减少线上社交活动。最后，如果效果不好，要及时寻求专业帮助。

（2）家庭方面

首先，家长应与 E 某进行有效的沟通，了解他的心理需求，并给予适当的引导和支持。对于 E 某在学业上遇到的困难，要给予现实的支持。其次，还应该与老师沟通，了解孩子在学校的实际状况和遇到的具体困难，合作协助孩子解决问题。最后，如果孩子的情绪困扰持续存在且没有改善，就要考虑带孩子就医。

（3）学校方面

首先，老师在了解 E 某的情绪问题后，应及时与家长沟通相关情况。其次，了解 E 某的需求，协助他解决一些现实问题，比如给予学业方面的指导。最后，建议 E 某去接受心理辅导。

【案例 3】

1.心理问题表现

案例 3 中，G 某表现出的心理问题主要包括以下几个方面：一是行为方面，他经常发脾气，有时与母亲吵架，不愿意学习也无法专注学习；二是情绪方面，他感到烦躁、无助和孤单；三是认知方面，他认为"父母越要我学习，我就越不想学习""父母根本不喜欢我，他们只喜欢好成绩""每天都被母亲监视着，更不想学习"。

2.心理问题解析

诱发因素：家人发现 G 某恋爱后禁止他上网玩游戏，对他进行严格的看管和监视，甚至进行打骂，导致他的成绩下降。

G 某的父亲经营一家上市公司，而母亲是一位全职妈妈。母亲可能认为 G 某的价值主要体现在学业方面，她将所有精力都投入到他的学业上，并对其要求非常严格。父母对 G 某的学业期望很高。由此，G 某产生了这样的想法，"只有成绩好，我才是有价值的""父母喜欢的是我的好成绩，而不是真正喜欢我，只有女朋友才是真正关心我"。在母亲对他的严格要求下，他越不愿意听从母亲的安排，越希望拥有自己生活的掌控感。由于父母对恋爱持反对态度，他越是不愿与女朋友分开。父亲脾气暴躁，经常发脾气，G 某观察到学习时父亲的沟通方式也是发脾气，因此与母亲的互动和父亲的沟通模式是一致的。父母对学业的高要求，以及母亲对 G 某的高度控制使他希望建立一种不同的体验关系，而恋爱关系就是他的选择。在恋爱关系中，他能够体验到被理解而不是被控制。

保护因素：G 某从小在学业上就表现出色，这是他的优势资源。他还拥有女朋友，这说明他身上一定有吸引对方的特质，这也是他的优势资源。尽管与母亲发生争吵，但这也说明他内心是有力量的，只是他需要以其他方式与母亲进行沟通。

3.干预策略

（1）自身方面

首先，他应该关注自身的心理健康，并密切监测自己的情绪状态，主动进行情绪的调整和调节。其次，他可以与父母沟通自己的恋爱需求，表达希望获得同伴的理解和支持，争取得到更多的家庭理解。

（2）家庭方面

首先，家长应与 G 某进行有效沟通，全面了解他的心理需求，包括希望获得理解和支持、自主选择等方面，并给予适当的引导和支持。其次，在深入了解孩子需求的基础上，应给予孩子更多自主选择的空间，例如在恋爱情况下也能保障学习的时间和效率。另外，家长应与孩子共同讨论并设立共同的目标，并给予必要的支持。

（3）学校方面

首先，老师在了解到 G 某的情绪问题后，应及时与家长沟通相关情况，共同关注孩子的心理健康。其次，建议 G 某去接受心理辅导，以帮助他更好地处理情绪问题和压力。

第三节　与人际关系相关的心理问题的干预

随着年龄的增长，青少年的生活重心将逐渐由家庭转向学校，最终走向社会。这也意味着在青少年不同的发展阶段，各种因素对于青少年心理健康的影响力是不同的。因此，我们需要抓住青少年成长的关键期，做好社会、学校、家庭和个人的多方保障和支持工作，为青少年提供良好的成长环境。

一、社会方面

社会是家庭和个体成长和发展的大背景环境。在社会层面上，通过法律、社会道德和社会文化等多种要素，调整社会成员之间的关系，以实现维护青少年权益和促进健康成长的目标。国家和各地区应积极制定相关法律法规和政策性文件，为家庭教育提供依据。

我国已出台的《中华人民共和国义务教育法》《中华人民共和国未成年人保护法》《中华人民共和国反家庭暴力法》和《中华人民共和国家庭教育促进法》等法律，旨在为青少年提供良好的受教育环境。《中华人民共和国反家庭暴力法》通过加强对家庭暴力行为的监管，保障青少年权益，维护家庭的公平、和谐和文明，以推动家庭幸福和维持社会安宁。《中华人民共和国家庭教育促进法》倡导中国传统家庭教育，以身作则，努力营造健康、积极、向上的家庭环境，培养具有高尚品质、健康心理和聪慧灵活的未来公民。这些法律的颁布增强了家庭教育的可持续性，加强了对未成年人的文化教育，提高了他们的道德水平和文化素养，使他们更好地融入现代社会，为终身幸福打下坚实基础，促进家庭团结与繁荣，同时为法治的实施提供了法律支持。

近年来，政府采取了一系列措施来促进教育的公平、公正、有效的实施，以及培养孩子们的全面素质。这些措施旨在促进全民参与公平、公正的教育，确保不同地区和年龄段的人们都能接受良好的教育。《家庭教育促进法》立法的主要目的之一是促进家庭教育的发展，主要任务之一就是明确家庭教育管理体制，要充分发挥学校和教育行政部门的作用，使学校与社区联动，搭建好家庭、学校、社会互通联系的桥梁，家庭教育指导服务工作才能真正调动所有力量，实现效率的最大化。①

---

① 周文娟，翟刚学. 家庭教育法的逻辑起点［J］. 首都师范大学学报（社会科学版），2021，262（5）：13-15.

在社会层面，除了立法、社会文化，舆论对社会主义核心价值观的引领也是非常重要的。社会各界应共同努力，为青少年提供阳光健康的生活环境，特别是要维持积极向上的网络环境。同时，教育部门应带头整合各领域的教育资源，并统筹协调使用，建设实践教育基地，充分发挥社会资源优势协同育人。

二、学校方面

学校是青少年学习和成长的重要场所。学校应配置专业教师团队，提供丰富的教育资源和经验，推行先进的教育理念。家长和学校之间的有效交流是促进家校合作的关键，有助于共同教育培养青少年健全人格。特别是对一些特殊家庭的青少年（如留守家庭、单亲家庭、重组家庭），教师的关心对他们的健全人格的形成具有重要影响。

学校应设立心理健康教育专门机构和人员，为广大学生提供优质规范的心理辅导服务。同时，学校还应组织开展内容丰富多样的活动，培养学生的能力并提升他们的心理素质。

家长和学校应共同制定更严格的电子设备和互联网使用规范，确保青少年能安全健康地使用互联网，避免网络游戏成瘾。这样不仅能让他们享受互联网的便捷，还能更好地保护他们的权益。

三、家庭方面

家庭是个体成长的起点，也是个体在成长过程中最重要的环境。因此，家庭是能够给青少年提供支持和帮助的最重要的因素。家庭中，除了家长自身的成长和调整，家长还可以充分地利用外部资源来更好地陪伴孩子成长。

（一）家长的成长

家长是家庭生活的核心，他们的工作和生活压力、夫妻关系的紧张程度，都会直接影响家庭氛围。孩子们也会从中察觉到父母的情绪变化，这种变化可能会给他们带来巨大的心理压力，甚至影响他们的身心健康发展。因此，家长自身的成长尤为重要。

首先，家长应注重提升自身心理健康水平。为了让孩子拥有积极的品质和健康的心态，家长应注重自身情绪的调整，保持积极稳定的心态。这样一方面能够给孩子树立积极的榜样，让他们学习到有效的情绪调节方法，提高心理素质；另一方面，还能在自身身心健康的基础上，将科学的教育理念贯彻到实际行动中去。

其次，家长要调整自己的认知，明确并承担起在教育和引导青少年方面的责任和义务。他们应该学习相关的教育学和心理学知识，并将其运用到与孩子的亲子沟通实际中。为了促进亲子关系的发展，家长应加强对青少年的关注，并给予他们更多陪伴，让他们参与有趣的活动，如游戏、运动等，以提升他们的身心健康水平。同时，在这个过程中及时发现青少年遇到的各种问题和困难，做出适当的干预和引导。

最后，家长应了解青少年这个特殊的发展时期，在这个阶段，青少年需要比儿童期更多的自主空间。但往往家长不能够根据孩子的需求进行相应的改变。因此，家长的养育行为的调整速度应根据孩子发展变化的速度来调整，包括家长与孩子的相处模式、家庭规则的调整，以及扩展孩子的自主空间。此外，家长还应根据孩子的发展需求，为他们提供接触更多同龄人的机会，锻炼社交技能，减轻孩子们的孤独感。

（二）家庭成员的合作

有调查表明，中学生良好的心理健康状况与融洽的家庭氛围之间呈正相关，处于心理健康状况较高水平的中学生，其家庭成员之间具有较高的亲密度，互相尊重，自信心强，组织性明确；而心理健康水平较低，或者有较明显心理问题的中学生，其家庭成员之间的亲密度低，自信心缺乏，组织性也相对较差。[①]

家长们应该认真对待婚姻和家庭，努力营造一个和谐美满的家庭环境。父母的教育观念会受到婚姻关系的影响，因此夫妻双方都应以积极的态度参与到孩子的教育中，共同努力创造一个有利于孩子健康发展的家庭环境。在融洽的家庭氛围中，夫妻双方的交流互动模式、解决问题的策略和方法都将成为青少年学习的榜样，同时也会潜移默化地影响着青少年与同伴的相处模式。家长应维系良好的夫妻关系，保障青少年的安全感和归属感。

家长在面对青少年的各种心理和问题时，应更明确夫妻双方是合作协助孩子解决问题的角色，而不是互相推诿互相指责，将责任都推到对方身上，或者批评指责孩子，将压力都加在孩子身上。在面对问题时，家长应站在孩子身旁，与孩子一起共同面对问题，协助孩子调动各种资源来有效地解决和应对问题。

（三）外部资源

在解决青少年心理问题时，家庭所具备的自身资源是有限且不足的。因此，家庭需要拓展外部资源，以引导和协助孩子解决问题。

第一，为了更好地帮助孩子发展，我们建议家庭积极利用学校提供的各种资源，参与学校组织的学习活动，学习科学的教育理念、教育学和心理学等相关知识武装自己。通过这样的学习，家长可以将所掌握的知识运用到家庭教育中，让孩子们在轻松愉快的氛围中接受有益的信息，从而获得更全面的素质培养，以及培养孩子的良好品德的机会。

第二，家庭要与学校建立高效、密切的合作关系。家长应及时、深入

---

① 胡群英，谢秀东. 中学生心理健康状况与家庭氛围的关系［J］. 赣南医学院学报，2011，31（4）：567-568.

地与学校建立沟通机制，以了解青少年在学校的表现、掌握他们最新的成长动态，并理解他们所遇到的问题。与学校配合并共同提出解决方案，各方完成各自的任务，帮助青少年解决问题，共同维护青少年的心理健康。

四、个人方面

首先，青少年应该关注自身的心理健康和情绪状况。为此，其需要学习心理健康知识，了解青少年的身心发展特点，并积极主动与父母沟通。通过与父母的交流，让他们了解青少年自身的变化、愿望和需求。同时，学习情绪监测和调控的方法，以及良好的人际沟通技巧，提升沟通能力，建立良好的亲子关系和同伴关系。

其次，青少年应以客观的态度看待自己与父母之间的差异，尊重他们的想法、建议、需求和期望。并且积极地与他们进行沟通，共同制定目标和规则，以更好地理解他们所面临的压力和困难，关注他们的身心健康，并为他们提供更多的情感支持。

最后，在需要时学会寻求帮助。

五、多方协同共育

为了应对新时代教育工作中的挑战，并解决青少年成长中出现的各种心理和行为问题，我们必须加强家庭、学校和社会的合作共育。

家庭教育与学校教育在个人的成长过程中扮演着重要而不同的角色。家庭教育的影响较早，而学校教育的影响随着时间推移逐渐增加。家庭教育从起主要作用逐渐转变为辅助和促进作用。将家庭教育与学校教育相结合，不仅可以促进学生的健康成长和全面发展，也有利于家长和教师的成长。家庭和学校的协同配合具有巨大的价值，它不仅有助于孩子的全面发展，还有助于提升父母和教师的专业水平，并推动整个社区的文明建设。因此，家庭和学校的协同配合不仅仅是一种辅助的关系，而应将两者结合起来，实现双赢的局面。

郝若平的研究表明，通过家校合作，家长与教师有效的互动合作可以有效地提高学生学习的品质和心理健康水平。[①] 学校应建立系统化的家校沟通机制，通过家长会、家校互动平台、家访等多种形式畅通青少年成长信息的渠道。通过多种合作形式，充分发挥家庭和学校双方的资源优势，为青少年的健康成长提供支持。家长在积极承担家庭教育责任的同时，还应积极与学校沟通孩子的状况和需求，与学校协商合作，助力青少年健康成长。

面对来自社会环境的学生问题，如贫富差距、校园暴力和不良信息的传播等，学校不能独自解决。单靠学校的力量也无法彻底地解决，学校需要在家庭、社会等合作伙伴的帮助和共同努力下，协调各方，通力合作，方能取得成功。

在解决青少年心理和行为问题方面，需要个人、家庭、学校和社会多方协同，共同为青少年的健康成长保驾护航。

---

① 郝若平. 家校合作：亲师互动对学生学习品质与心理健康的影响［D］. 北京：北京师范大学，2007.

第四章　与学习相关的
　　　　心理问题

在人类的经验中，学习是产生每个人独特特征的原因。也可以说，人类认识的一切方面都来源于学习，来源于个体经验的获得。因此，世界各国都越来越重视学习和教育，越来越意识到没有知识将无法适应未来的社会发展，因此对儿童青少年的教育和培养也就越发重要。与其他国家相比，中国可以说是非常看重孩子学业成绩的国家。中国父母对于孩子学业方面的期望远远高于其他国家父母对于孩子学业的期望。在这种社会环境和家庭环境的双重压力下，中国青少年的学业问题就凸显出来。学业问题指青少年由于受到自身性格、家庭、学校、社会环境等多种因素的影响，在学习活动中表现出旷课、厌学等种种行为问题和与学业相关的各种情绪问题。下面我们就考试焦虑、厌学和由学习压力导致的躯体化问题三个内容进行具体阐述与学习相关的心理问题。

第一节　考试焦虑

焦虑是一种复合性情绪状态，包括焦虑反应、过度焦虑和焦虑障碍三个层次，其中焦虑反应最轻，属于正常状态，焦虑障碍最重，属于疾病状态。

焦虑反应是一种我们在面对压力和紧张情况时常常经历的自然反应。当人们感到焦虑时，我们的身体首先会作出一系列的反应。可能会出现心跳加快、呼吸急促、出汗、头痛、肌肉紧张和颤抖等症状。心理上，我们可能会体验到紧张、烦躁、恐惧和无法集中注意力等感受。这些反应是身体在应对潜在威胁时的自我保护机制，以帮助我们应对危险或困难的情况。焦虑障碍是一种心理精神疾病，是指当一个人对日常生活中的事情感到持续的担忧和不安，甚至会导致人的情感、行为和身体状态受到影响，但对产生这些不适的原因不很明确。考试焦虑属于过度焦虑，已经对正常学习和生活造成明显的干扰。与焦虑障碍的区别是考试焦虑的焦虑原因十分明确，一旦考试完成，许多人都能够迅速恢复到正常状态。每逢考试前夕，当应试者察觉到这一挑战潜藏的深层威胁时，焦虑的心境便会萦绕心头，这种过度焦虑体验在面临高考或中考的学生中是非常普遍而突出的现象。下面我们先看一个考试焦虑的案例。

一、案例

【案例】

小艾，女，17岁，高中二年级，因"一到考试前就会紧张、失眠，考试时不能发挥平时正常的水平"来咨询。初二地理会考时因考场中出现腹泻导致考试成绩欠佳。为此，小艾虽然有过短暂的沮丧情绪，但父母安慰她一次成绩不代表以后，只要小艾中考前努力，中考取得好成绩一样可以进入优秀的高中。为此，小艾更加努力学习，但在距离考试不足半个月时，小艾突然感到很紧张、焦虑，害怕考不好，担心自己的努力得不到相应的回报，甚至时常出现心慌、呼吸困难，晚上躺床上准备睡觉时开始担心各种事情，特别是想到中考就会莫名其妙地烦躁，尽管自我安慰考不好也没有关系，但就是无法控制紧张和担忧的情绪，越想越烦躁，导致晚上难以入睡。结果中考没有发挥自己平时的水平，考上了一所不太理想的学校。中考失利后，小艾的父母没有责备小艾，但小艾总是感觉父母对自己不满意，觉得父母很失望。进入高中后，小艾希望在高中更加努力学习，最终能够在高考时考入理想的大学。因此，上高中后，小艾学习更加努力，各门功课的知识都掌握得很好，在学校与老师和同学相处也非常好。但一到考试前一周左右时，小艾就会出现紧张、焦虑的情绪，担心考不好，甚至晚上失眠。刚开始只有期中、期末考试才会紧张，慢慢地，平时小的单元测验或者模拟测验前也会紧张，越紧张越焦虑、失眠，考试时的成绩与平时水平不相符。由于睡眠不好影响白天学习效率，小艾甚至偷偷从网上买了安定类药物，但服用后觉得也没有改善睡眠。因此，她主动求助心理咨询师，希望能够缓解目前的焦虑情绪。从小，父母对小艾给予较高期望，小艾自己也特别希望通过自己的努力证明自己，平时学习认真努力，小学和初一成绩一直都在班级前5名。

诊断：考试焦虑。

二、分析讨论

（一）考试焦虑的界定

1.考试焦虑的概述

考试焦虑：是指个体面临考试而产生的过分紧张担心的消极情绪和相关的行为反应，学生中该问题较为普遍。考试情境的刺激、个人的认知水平、自我评价以及个性特点等因素的综合影响会产生情绪紧张和对考试结果的担忧，这是考试焦虑的主要特征，包括过分紧张担心的消极情绪和相关的生理反应。考试焦虑可分为考前焦虑、临场焦虑（也称为晕考），以及考后焦虑紧张三种情况。并非所有的焦虑对学习都是有害的，适度的忧虑能够激发个体的力量，帮助其应对外部突发事件对其构成的威胁，并推动个体更好地完成任务。因此，适度的考前焦虑能让学生学会自我调节，提高学习效率。然而，过度的焦虑会影响学生的学习和考试自信心。

根据中欧国际心理健康机构的观点，学生中普遍存在两种不同类型的考试焦虑。第一种是在考试临近之前开始感到紧张和焦虑，而第二种是在学习过程中长期存在学习焦虑，并在考试前表现出更为强烈的焦虑情绪。这两种焦虑都是由考试这一紧张的场景直接引发的。然而，第一种情况下学生的成绩可能好坏各有不同，而第二种情况下学生的成绩基本上始终不太理想，原因在于他们缺乏自信心。

2. 考试焦虑的具体表现

考试焦虑具体表现在三个方面，分别为躯体异常、心理异常和行为异常。

（1）考试焦虑可引起一系列躯体异常。考生可能会出现心慌、恶心、头痛、憋气以及胸闷等不适感。这些躯体反应是身体对压力的自然反应，往往由于紧张和压力导致身体激素分泌改变而引发。此外，一些人还可能出现失眠、食欲不振以及疲劳等问题。这些躯体异常对学生的身体健康产生了负面影响，需要特别关注和应对。

（2）考试焦虑还会导致心理异常的表现。学生可能出现紧张、恐惧和内心不安的情绪。他们过于担心考试结果，怀疑自己的能力，甚至对自己产生消极的评价。这些焦虑情绪可能进一步影响学生的注意力和专注力，使他们难以集中精力进行学习和思考。某些学生可能感到绝望，丧失信心，并放弃努力，这对解决考试焦虑没有任何益处。

（3）考试焦虑还会导致一些行为异常的表现。一些学生可能出现逃避学习、逃课或者逃避参加考试的倾向。他们可能因为害怕失败而不敢承担考试的风险，从而采取逃避的方式应对焦虑。此外，在考试期间，一些学生可能会紧张到无法思考的程度，甚至答题错误并忘记已经掌握的知识。这种行为异常可能导致成绩下滑，进一步增加学生的焦虑。

3.考试焦虑的危害

考试焦虑对个体的危害不仅局限于学业和成绩上的影响，还会对身心健康、认知能力、情感状态和人格发展等方面造成损害。

（1）考试焦虑会导致学生在平时也感到忧心忡忡、忐忑不安，整天思考着考试的事情。这种压力会使学生在上课时难以集中注意力，影响学习效率，甚至导致学习成绩下降。

（2）考试焦虑还会直接影响考试成绩。焦虑情绪会干扰学生的思维逻辑和决策能力，使其难以充分发挥自己的实际水平。因此，即使具备一定的知识和能力，考试焦虑也会导致考生在考试时出现失误、紧张或遗忘等情况，进而对考试成绩产生负面影响。

（3）考试焦虑还可能形成一个恶性循环，即焦虑情绪导致考试成绩下降，考试成绩的下降反过来又会增加焦虑情绪，使得考试焦虑持续加剧，进一步影响学生的学业表现。

（4）长期的考试焦虑还会对个体的身心健康造成严重损害。焦虑情绪常常伴随着生理反应，如头晕、头疼、心慌、出汗、憋气、失眠等。如果这些生理反应长期存在，会给学生的身体健康带来负面影响。此外，持续的焦虑情绪还可能导致抑郁、恐惧等心理问题的发生。

4.考试焦虑的流行病学

考试焦虑的患病者中，女性常多于男性，严重考试焦虑中女生的数量是男生的两倍。而且，在不同的社会、地理、文化背景中普遍存在（但是由于不同的社会文化及价值体系等方面的差异，影响因素及症状表现可能有所不同）。最新的中欧国际研究揭示了一个令人担忧的现象，61%的学生在考试中承受着各种不同程度的焦虑，而其中有26%面临着严重的考试压力。

（二）考试焦虑的影响因素

该问题的产生存在多种因素，包括学习的压力、成绩对学生自我评价或他人评价的影响、家长和老师对成绩的要求、学生的性格特点和认知模式、学习及考试技巧、家长的教育方式、学校的教学评价方式等。

1. 主观因素

（1）自我期望过高是导致考试焦虑的一个主要因素。许多学生在面对考试时有过高的期望，害怕不能达到自己的期待。这种压力可能导致他们产生焦虑并降低表现水平。合理设定期望和目标可以帮助学生减少焦虑，并更好地处理考试压力。

（2）自信心不足会进一步加剧考试焦虑。如果学生对自己的能力和实力没有足够的信心，他们会对考试结果感到担忧，并容易出现紧张和焦虑的情绪。

2. 客观因素

（1）父母的压力对考试焦虑具有重要影响。中国家长一向非常重视子女的学业成绩，再加上中国文化强调对长辈的尊敬和顺从。因此，孩子们会努力追求父母所期望的成绩，而这种双重因素的结合使得中国家庭对子女的学业成绩趋之若鹜。很多父母由于未能实现自己的理想或对自身的期望不满意，会将自己的理想或期望寄托在子女身上，希望通过他们来实现自己的梦想。他们会为孩子规划未来，按照家长的喜好培养孩子的兴趣爱好，并在学习方面施加压力。这样一来，孩子会感到肩上的负担很沉重，很难达到父母的目标和要求，从而产生心理压力。

（2）老师的压力也会增加考试焦虑。教师通常更倾向于偏爱成绩好的学生，学生也非常重视老师对他们的关注。他们渴望在考试中取得优异成绩以回报老师的关爱，并为自己和老师获得荣誉。毫无疑问，这种期待感给学生带来了心理负担，从而导致考试焦虑的产生。

（3）同学之间的竞争是考试焦虑的一个显著驱动因素。在同一个班级中，存在着激烈的竞争关系，每个人都担心被他人超越，特别是与那些成绩优秀的同学竞争时焦虑会更加强烈。每个人默默努力，不辞辛劳地学习，一直保持着高度紧张的状态，这种持久而紧张的状态不可避免地导致了潜在的心理压力。

（4）考试前身体状况不佳也会影响学生的考试表现。身体不适会导致学生无法集中注意力和充分发挥自己的水平。

（三）案例分析

结合考试焦虑问题的界定和相关影响因素的分析，对案例分析如下。

1. 症状评估

患者为一名17岁女性，目前正在读高中二年级。在初二地理会考时，由于考场上出现腹泻问题，导致她的考试成绩不佳。在中考前的半个月内，她出现了紧张和担忧等焦虑情绪，甚至伴随着身体上的不适症状，这进一步导致了中考失利。之后，在高中阶段，她开始经常在考试前和考试期间出现焦虑情绪和躯体化等问题。

2. 个案概念化

小艾从小学习成绩优异，家人和自己都对她有着较高的期望。在初中会考时，由于身体原因导致她未能发挥正常水平。尽管父母给予了安慰，并且小艾也努力继续学习，但对于考试失利的原因没有进行深入分析。结果小艾在中考时又一次遭遇失败。之后，只要一遇到考试，她就会感到紧张和焦虑。在辅导中，我们着重解决小艾的考前焦虑情绪。通过将注意力集中在个人内部资源上，逐渐使学生能够找到有效的策略来管理他们的焦虑。这个过程可以激发他们解决问题的信心和内在力量，从而降低焦虑水平，增强学习动力。另外，小艾还可以探索释放情绪的途径，并寻求家人的理解和支持。引导她发现个性化的解决方案。这种方法让来访者认识到他们内在的力量和充满希望的前景，从而赋予他们力量，并在解决问题的能力中灌输增强的信心。

3. 干预策略

（1）自身方面

针对小艾个性好强、自我要求较高以及渴望得到周围人的认可的特点。通过心理辅导让她理解"考生会考出现腹泻导致考试成绩欠佳"是偶然发生的客观因素，而不是经常和必然的因素。大多数考生在考试前都会感到一定程度的紧张和焦虑，这种现象属于正常情况，并且适度的紧张状态能够维持应试者的激情，增强学习的积极性和自觉性，进而提升专注力和反应速度等方面的表现。

（2）家庭方面

中国父母往往过分重视学生成绩，孩子从小就接受了"成绩越好代表我越优秀"的偏差认知。父母对小艾学习成绩的高期望，以及工作繁忙的情况下与小艾沟通交流较少，都是导致她产生考试焦虑的因素。因此，家庭教育应该从小就给予孩子正确的引导。父母应加强与小艾的沟通，关注她的情绪，并在小艾学习过程中承担更多支持和询问的角色，让小艾能积极与家人朋友建立联系并获得理解与支持。

（3）学校方面

老师和同学应给予小艾更多的支持和鼓励，以增强她面对和解决各种可能遇到的问题的信心。同时，建议学校配备专业的心理咨询师，为有类似问题的学生提供一对一的心理辅导，缓解学生考试前的焦虑情绪，并寻求减轻考前焦虑的方法。通过优雅而生动有趣的方式重新探索心理状态，并以积极的态度迎接考试的挑战。这样可以帮助学生建立强烈的自我认同感和内心的接纳，使他们对未来充满坚定的信心和巨大的动力，实现个人成长的无限可能。将学生的注意力从问题的严重性转移到解决问题的可能性和具体策略上，从而提升学生的自信心和执行力。

三、考试焦虑的应对

在面对考试焦虑时，学生有以下应对策略可供选择：首先，要排除错误信息对大脑的负面影响。不要因为一两次考试失败或者一两门考试上的失误而惊慌失措，也不要通过个别情况全盘否定自己，并丧失自信。要避免使用消极的语言，如"完蛋了""我糟糕透了"，而应始终保持积极心态。可以通过进行自我辩论来修正认知偏差，适当调整期望和预期，制定与实际相符的考试目标和期待。在日常学习中，可以经常进行积极的自我暗示或放松训练，对自己说一些积极的暗示话语，如"我有能力""我能胜任"。放松训练可以通过逐渐松弛肌肉，使大脑达到平静状态，从而缓解紧张情绪，提升自我掌控能力。同时，在考前可以通过想象可能出现的情景来缓解焦虑。如果想象后引发不安情绪，可以进行深呼吸来平复情绪。这种想象可以多次进行，以帮助自己在真正的考场上缓解焦虑。如果压力过大，内心的焦虑无法排解，可以找一个值得信赖的人如亲人、朋友或同学，将烦恼倾诉出来，很可能发现不仅自己一个人面临考试焦虑，从而恢复心理平衡。此外，掌握一些必要的考试技巧也非常重要，例如考试焦虑往往发生在考试开始时，因此可以先仔细审题，先做较容易的题目，逐步适应环境，遇到难题可以先搁置，待其他题目完成后再回头解答。当在考试中意识到自己出现紧张情绪时，不要惊慌失措，可以采取以下方法：安静下来，休息片刻，转移注意力；使用调整呼吸法，通过深呼吸放松身心；进行积极的心理暗示，告诉自己"我能够应对"。

第二节　厌　学

如今，青少年中普遍存在厌学现象。从心理学角度来看，厌学是学生对学习的消极情绪表现，是学生对学习活动持消极态度的行为反应模式。

对于青少年而言，几乎所有的心理和精神问题最终都会表现为"无法上学"或者所谓的"厌学"。具体表现为无法正常进入校门，或对学校产生恐惧感，伴随着身体不适和情绪问题，在不需要去学校的时候能保持相对平静的状态。接下来，我们将分享三个关于厌学的案例。

一、案例

【案例1】

患者小美，女孩，13岁，初中二年级学生，主因"头晕、头痛等身体不适近4个月，不去上学3个月"在父母陪同下就诊。4个月前，由于父亲在北京工作，小美从内蒙古老家转学至北京一所小学。进入新学校的第一天，老师提问时，由于紧张加之没有完全理解老师的问题而回答不正确，当天回家后她感到心情沮丧。由于语言和平时的习惯不同，小美在新的学校很少与同学交流，下课时其他人都出去玩或者聊天，而小美却一个人孤独地待着。半个月后，小美突然出现头晕、头痛等身体不适的情况，心情烦躁，在综合医院进行了身体检查，但未发现明显异常。之后，由于身体不适而多次请假回家休息，已经连续3个月无法上学。近半个月来，症状加重，表现为情绪低落，不愿意说话，不愿与人交往，有时即使同学主动邀请小美一起玩，小美也不参加。逐渐地，她对去学校上课感到不愉快，甚至在家休息时一提到上学就感到不舒服，头晕、头疼、肚子疼等。小美的食欲差，进食量少，易发脾气。尽管家人进行安慰，但对小美来说，不上学在家休息会稍微好一些，但她不愿意出门。小美自幼性格内向，不善于交往，自尊心强，做事认真，对自己要求较高。

诊断：适应障碍。

【案例2】

患者小轩，男孩，13岁，初中一年级，主因"上课注意力不集中、不想去学校"在父母陪同下就诊。患者7岁上小学一年级，入学后小学老师反映患者上课注意力不集中，东张西望，坐不住，动作频繁，上课时玩弄铅笔及各种文具，甚至常常和周围的同学讲话，影响课堂纪律。即使老师收走了患者的所有文具，他的手仍然不停地动。回家写作业时，他一边做一边玩，作业不整齐，粗心，常常丢题、漏字或抄错数字。每天写作业必须家长监督，如果没有家长在旁边，患者根本无法完成作业。患者经常会忘记物品和学习用品，甚至回家后忘记老师布置的作业。小学一二年级的成绩处于班级中等水平，但三年级时成绩明显下降，有时无法及格。当父母严格监督时，学习成绩会好一些，但稍有放松，成绩就明显下滑。目前已经升入初一，但不久之后由于各种原因经常请假缺课，表示不喜欢学习，认为自己也学不会。在初一下学期仅仅上了一周课后，患者就坚决不再去学校，声称即使去了学校也听不懂，还不如不去。智力检查显示智商105，脑电图检查未发现异常。

诊断：注意缺陷多动障碍。

【案例3】

患者小楠，女孩，16岁，高中一年级。主因"情绪低落3个月、不去学校2个月"就诊。小楠最近3个月经常莫名哭泣和发脾气，心情低落，愁眉苦脸，兴趣爱好下降。在学校因为同学一句无意的话也能发脾气，老师反映小楠上课注意力不集中，又经常跟同学发生冲突哭泣，学习成绩直线下降。在家对母亲的关心也表现出特别的烦躁和易怒，小楠觉得控制不了自己的情绪，很烦，很累，学习也学不进去，自己也很困扰。睡眠差，晚上入睡困难，常常凌晨1、2点才能入睡，白天总是感觉很累，精力不好，疲劳，上课注意力不集中，听课听不进去。时常感到心情不好，周围的同学说话也感觉很烦，因此多次跟同学产生冲突。然后感觉很委屈，以前喜欢做的事情也没有兴趣了，以前爱吃的东西也不想吃了，也不想上学，感觉自己什么都做不好，认为自己对不起家人。但是又对母亲的关心觉得很烦，有时会委屈地哭，有时会与母亲吵架，吵架后又觉得对不起母亲。成绩也开始逐渐下降，还被同学嘲笑，老师也不喜欢，最近 2 个月一说去上学就想哭，不去学校，目前处于休学状态。

诊断：抑郁障碍。

二、分析讨论

（一）厌学问题的界定

1. 厌学

"厌学"一词是中国大众比较通用且习惯接受的词语。提到厌学，中国大众常会想到学龄期的学生由于各种原因无法坚持上学或拒绝进入校园的现象。然而，在国际心理学和社会学研究领域，学者倾向于使用"拒学"（School refusal）这个词来描述学龄期（5~17 岁）的孩子由于各种原因而拒绝或无法完成学业的行为。这个概念包括学校焦虑（School anxiety）、学校恐惧（School phobia）、学业缺席（School absenteeism）等。迄今为止，要知道的是，拒绝上学简称拒学或拒学症，并不是由我们的疾病诊断标准所命名的一类疾病。因此，即使在美国的诊断系统，以及国际疾病分类诊断系统和国内的诊断系统中，都没有明确将拒绝上学划分为某一类心理疾病或特定的诊断分类。因此，拒学或拒绝上学仅仅是一种行为表现，孩子不愿意上学的一种现象。厌学并非中国特有的现象。在西方发达国家和亚洲其他国家也存在厌学问题。

2. 厌学的流行病学

在西方，有 1%~5% 的儿童和青少年存在拒绝上学的问题，而我国目前尚缺乏相关流行病学数据。2003 年美国国家健康中心的统计数据显示，在 5~17 岁的学生中有一个令人不安的现象：约有 5.4% 的学生缺课天数超过 11 天，1% 的学生则完全不上学。近年来，这一趋势逐渐增长。我国也面临着类似问题，据报道，大中城市的儿童心理门诊就诊人数呈逐年增加趋势。最新的调查数据显示，超过 46% 的学生对学习缺乏兴趣，33% 的学生表现出明显的厌学情绪，只有21% 的学生真正对学习抱有积极态度。

（二）厌学问题的影响因素

厌学的因素非常复杂，受到东西方文化特点的影响。早期发达的西方国家，由于经济的早期发展和相对完善的制度，早于我们意识到教育厌学问题。在 20 世纪 90 年代，他们已经开始关注这个问题。这个时代是物质富裕与幸福共存的时代，然而为何会有一群孩子对求学失去兴趣呢？在克里斯托弗·A．科尔尼（Christopher A.Kearney）的研究中，他深入揭示了厌学现象的四大根源。第一，孩子们渴望父母的关爱和赞赏，将此视为一种动力来回避学习。第二，面对自己无法应对的学校人际关系，他们选择不再出门，将其作为一种逃避策略。第三，为了避免学校体制带来的不利评价，他们努力在其他方面取得认可。第四，家庭内部的人际冲突成为孩子们艰难应对的挑战。尽管我们认可以上因素，但对于我国的文化背景和当前社会状况而言，我国厌学的原因可能更加复杂和多元。下面就我国厌学可能的其他一些因素进行分析。

1.一些孩子可能存在发育障碍，例如轻度智力发育障碍或者智力边缘的孩子，这部分孩子确实存在学习困难，无论怎么努力，学习成绩就是无法提高，时间长了就会产生厌学情绪。还有注意缺陷与多动障碍的孩子，由于上课无法集中注意力，回家作业完成效果差，最后造成成绩差，久而久之就会自信心下降，产生厌学情绪。

2.有些孩子因情绪问题导致厌学。根据《中国国民心理健康发展报告（2019—2020）》的调查结果，我国青少年抑郁症状检出率高达 24.6%，并在初三和高三阶段可能更为突出。尽管情绪低落的症状并非一定代表抑郁症，但它们直接造成身心能量消耗、意愿削弱、睡眠质量恶化以及专注力困难等问题，可能对学习造成不利影响，导致学业成绩下降乃至对学习产生厌倦。

3.很多成绩优秀的学生常常困扰于厌学问题，一些孩子对自己的要求过于苛刻。有时偶发的考试失利便会使他们对自我产生全面否定的情绪。表面看来，只是一次失败而已，但却似乎为人生带来了崩溃感，导致他们在随后的学习和考试中失去自信，陷入无法自拔的困境。

4.一部分孩子因无法处理同伴关系或受到同伴的不良影响而产生厌学。例如，与同学发生矛盾时不会处理，因而不愿上学；本身存在社交困难，无法在适龄阶段交到"好朋友"，感到被孤立或孤单，进而不愿上学。此外，看到其他孩子不上学也会产生厌学的心理。

5.缺乏父母关爱和教育的青少年常常面临性格孤僻和学习积极性被抑制的问题。经常发生争吵的家庭环境会对青少年的成长造成负面影响，父母间的频繁争吵会让孩子感到恐惧、紧张和焦虑，无法正常专注于学习活动，也无法获得一个良好的学习空间。单亲家庭和留守儿童家庭缺乏父母间的合作与监督的教育方式，孩子的行为规范和价值观可能没有得到正确引导，逐渐出现厌学行为。

6.教育是培养学生全面发展的重要环节，而教师则扮演着关键角色。然而，一些乏味的教学内容也会导致学生对学习失去兴趣。首先，乏味的教学内容让学生难以保持专注。大多数教师在传授知识时经常使用传统的讲授方式，而缺乏足够的创新和互动元素。因此，学生们往往感到枯燥乏味，对所学内容产生了厌倦情绪。其次，部分教师缺乏激发学生学习兴趣的能力。教师的教学方式应该灵活多样，具有更强的吸引力和激励性。然而，有些教师只是简单地讲述教材内容，没有引入生动的案例、实践性的活动或与学生互动。这种单调的授课模式无法激发学生的潜能和兴趣，导致他们对学习产生抵触情绪。如果学校的氛围比较压抑，只注重学习成绩的话，那么这些孩子有可能就会不愿意去学校。

7.近年来，社会大环境的变化不仅给学生们带来了许多机遇和挑战，同时也对他们产生了不同程度的负面影响。网络的普及给学生们提供了更广阔的信息资源，但也带来了一些负面影响。网络上充斥着大量的低俗、暴力、迷信等不良信息，而这些信息往往会对学生的价值观和世界观产生一定的冲击。另外，网络的碎片化特点也使得学生们难以专注于学习，过多地被社交媒体和游戏等所吸引，进而影响了学习效果和学业成绩。

8.当今社会独生子女已属普遍，许多家长对孩子期望值过高。他们不顾孩子的实际情况，强迫他们学外语、背诗词、弹钢琴等。甚至在孩子2~3岁时，有些父母就会给孩子报各种早教班，希望他们能在竞争激烈的社会中占据优势。有些孩子四五岁时，家长甚至会给他们报六七个培训班，拼命地给他们打鸡血，还美其名曰不能让孩子输在起跑线上。孩子们开始从很小的时候就被安排了各种培训班，没有时间去发展自己的兴趣爱好，没有时间去思考和探索自己真正喜欢的事物。然而，这样的教育方式往往对孩子的身心健康产生负面影响。同时，孩子可能对学习产生反感。他们开始讨厌那些早期被迫学习的科目，失去了对知识的兴趣和探索欲望。上学后，家长和老师对成绩的要求也是青少年厌学的一个原因。他们直接或间接地给予压力，追求所谓的"升学率"。这使得学习成为孩子沉重的负担，不再是一种快乐和积极向上的体验。

9.遭遇校园霸凌也是青少年厌学的一个原因。校园霸凌问题在当今社会日益突出，除了对受害者身心健康带来的直接伤害，校园霸凌还造成了许多不利于学习的影响，包括不愿去学习以及情绪问题等。首先，校园霸凌会对受害者的心理造成负面影响。当一个学生遭受同学们的恶意欺负、排挤或威胁时，其自尊心往往会受到严重的打击。他们会感觉自己没有被尊重和接纳，进而陷入内心的自责和自我怀疑。这些消极情绪如焦虑和抑郁往往会干扰其思考和专注力，使他们无法充分投入学业中。其次，校园霸凌对学习的影响也是显而易见的。受害者因为心理上的负面影响，其成绩表现往往会出现下降的趋势。他们可能因为担心受到欺负而无法专注于学习，缺乏对知识的深入掌握。他们也可能因为焦虑和抑郁导致学习效率降低，无法高效地完成作业和准备考试。从长远来看，这些因校园霸凌导致的学业成绩下降可能会影响受害者的升学机会和未来发展。此外，校园霸凌还可能导致学生的学习动力减弱。当受害者不断遭受霸凌行为时，其对学校和学习产生的负面情绪会逐渐覆盖对学习的兴趣和热情。学生可能会开始对学校产生厌恶感，不愿去上学或积极参与课堂活动。他们可能会感到学校不安全，进而进一步抑制了对知识和学习的渴望，出现对学业的厌倦情绪。这种态度可能导致他们失去学习的动力，进一步加剧学业厌学的情况。

10. 同辈的竞争也是厌学的一个因素。近年来，社会的竞争氛围越发凸显，同辈之间的竞争也成为影响厌学的一个因素。尤其是过度的社会"内卷"现象，从儿童时期的"鸡娃"教育开始，一直延续到考研、考博阶段，这种过度的竞争导致部分孩子出现了厌学问题。如今，几乎所有的学校和教师都将重心放在培养能够取得高分、考入重点学府的学生身上，学校和教师最注重的是学生的排名和学校的升学率。同时，家长们也紧密关注着孩子的成绩。这使得学校中成绩相近的同学们在未来很可能成为彼此的潜在竞争对手。这种竞争的氛围，以及教师和家长对"别人家孩子的成绩多好"的态度，也会引发孩子产生厌学的情绪。在这样的环境下，孩子们感受到巨大的压力。为了能够在这场激烈的竞争中占据优势地位，他们不得不经历漫长的学习和应试训练。对于许多孩子来说，他们并没有充分体味到学习的乐趣和理解学习的本质，只是出于追求高分和承担期望的被动选择。在这个过程中，他们逐渐失去了对学习的热情，产生了心理上的反感和厌倦，最终形成了厌学的状态。此外，竞争焦点的狭隘也剥夺了学生多样化发展的机会。学校和教师仅关注那些能取得好成绩的学生，忽视了其他方面的发展，如艺术、体育和创新等。这使得一些低分或中等分数的学生感到自卑和无助，同时也减少了学习的乐趣和动力。

（三）案例分析

【案例1】

1. 症状评估

患者，13岁，因父亲工作调动而转到新学校。在进入新学校的第一天，由于未能正确回答老师的提问，患者感到沮丧，并在回家后持续情绪低落。随后，由于语言和日常习惯的不同，小美在新学校一直没有交到朋友，导致出现了身体症状和情绪问题，近3个月出现了厌学问题。

2. 个案概念化

患者自幼性格内向，不善于与人交往，但自尊心强，做事认真。从内蒙古转学至北京某中学，考虑到内蒙古与北京在地域和文化背景上的差异以及患者本身的性格因素，加之新学校第一天发生的偶然事件，使得患者无法适应新环境（学校），从而最终导致厌学问题。

3. 干预策略

（1）自身方面

鉴于患者已出现躯体不适和情绪不稳定、焦躁以及不愿外出等问题，需通过医疗手段改善上述问题，并通过认知治疗改善患者的负面思维。

（2）家庭方面

父母应积极给予鼓励和正面示范，帮助患者适应新环境。

（3）学校方面

老师和同学也应反思对患者无意中施加的心理压力，可通过老师家访、同学主动协助等方式鼓励患者重新融入学校生活。

【案例2】

1. 症状评估

患者在小学期间表现为坐不住，小动作多，注意力不集中，影响课堂纪律。回家后写作业粗心、拖拉，甚至会忘记老师布置的作业，经常丢三落四，表现出多动注意力缺陷症状。

2. 个案概念化

由于注意力问题，患者从小学时起就一直面临学习成绩不佳的困扰。进入初中后，由于听课难以理解而产生了厌学问题。目前，患者对学习缺乏兴趣主要源于无法集中注意力所导致的"学不会"情况。因此，为改善学习效果，提高学习认知，需解决患者的注意力问题。

3. 干预策略

（1）自身方面

患者需意识到注意力问题是阻碍学习的因素，通过医学手段改善注意力，并自觉通过努力提升成绩。

（2）家庭方面

父母应理解孩子厌学并非孩子故意不愿学习，也不涉及孩子"品行"问题，积极寻求医学帮助以改善患者的注意力问题，并可以参加注意缺陷多动障碍（Attention Deficit and Hyperactivity Disorder，ADHD）家长培训，帮助孩子恢复学习的自信心。

（3）学校方面

不应歧视多动注意力缺陷学生，教师应在专业医生指导下学习 ADHD 儿童课堂管理技巧，采用代币制度和同伴监管方式来提高 ADHD 患者的课堂学习效果，帮助学生恢复学习的自信心。

【案例3】

1. 症状评估

小楠近期频繁出现莫名哭泣和发脾气、烦躁、易怒，以及心情不佳的情况。她对以前喜欢的事情也失去了兴趣，连爱吃的食物也变得不喜欢了。白天精力不集中，无法专注于上课内容，成绩有所下降。这些问题导致她最近 2 个月无法正常上学。

2. 个案概念化

小楠无法上学的原因是抑郁障碍。抑郁障碍是一种心境障碍，表现为情绪低落、思维迟缓和意志活动减退等症状。它被视为一种疾病，在科学进步和社会发展的背景下，抑郁障碍的患者数量越来越多。国际精神疾病流行病学调查显示，抑郁障碍的患病率极高，可达 16.9%；而在我国，抑郁障碍的终身患病率更是高达 6.8%。抑郁障碍对生活产生了巨大的影响，患者很难完成许多日常事务，尤其是在学校或工作中。他们可能感到无力、疲惫不堪，使得即使平常轻松完成的任务也会变得困难重重。而这些困难又会进一步加深抑郁情绪。我们可以通过多种途径帮助抑郁障碍患者找到问题的解决方法，首先要尽力理解他们的处境，并鼓励他们积极面对困难。同时，医学干预和药物治疗也可以帮助缓解抑郁症患者的痛苦。因此，要改善小楠的厌学问题，首要任务是解决小楠的抑郁情绪。

3. 干预策略

（1）家庭方面

家长应对孩子的情绪变化保持敏感，当出现抑郁问题时，积极寻求专业机构和医生的帮助。不能简单地认为孩子怎么会出现"情绪病"或"精神疾病"，也不应因羞耻感而不愿带孩子去医院就诊。当前青少年面临着日益加大的学习压力和人际关系压力，作为家长应成为孩子支持和理解的依靠。然而，当孩子出现抑郁问题时，家长往往会感到焦虑和压力。因此，建议家长要了解心理学知识，甚至参加相关课程，以稳定自己的情绪，更好地帮助孩子。这样可以帮助家长更好地理解孩子的思维和行为，更好地与孩子沟通，并提供更合适的支持和建议。此外，在面对孩子的抑郁问题时，家长要保持冷静，不要过于焦虑和紧张。要耐心倾听孩子的心理感受和需求，让孩子感到被理解和支持。同时，家长还需引导孩子寻求专业心理帮助，以获得更好的治疗和解决问题的方案。父母不应仅关注孩子是否听话地回到学校，也应注意孩子所遭遇的困难，理解他们的无助。同时，坚定地站在孩子身后，给予适当的期望，使他们认识到自身的潜力，并在面对挑战时探索各种可能性。同样，父母也必须正视自己的缺点，在帮助孩子发展的同时促进个人成长。

（2）学校方面

学校需要认识和应对抑郁障碍和焦虑障碍等轻型精神疾病，不要因为学生在学校发生的一些极端事件就对有情绪问题的孩子一概而论。应当避免因担心孩子在学校出意外或担心社会舆论或家长找麻烦而将所有有情绪问题的学生拒之门外。我们应综合评估孩子的风险性，并为一些风险较小的孩子在一定范围内提供学习的环境。

三、厌学问题的应对

青少年时期是人生中最重要的成长阶段之一，学习活动的重要性尤为显著。学习不仅仅是获取知识的手段，更是培养学生积极心理和心理韧性的必要条件。通过积极的心态和正面情绪，能够帮助青少年发展健全的人格和身心健康。然而，在学习过程中，孩子出现厌学问题也是不可避免的。厌学只不过是一种行为，每个厌学行为背后都隐藏着非常复杂的原因，可能是多个因素交织在一起。要想解决厌学问题，我们必须了解背后的原因，了解在社会、学校和家庭系统中发生了什么，导致孩子无法继续上学。此时，学校、家庭和医生应共同协作，帮助孩子寻找厌学的原因，并采取针对性措施解决问题。如果确实存在无法立即解决的困难，休学也许是一个暂时的选择，但家长更应该理解孩子，不要将其视为人生的污点。花费一段时间来休息和反思自己是非常必要的，它也许可以成为我们人生的加油站和新的起点，从而更好地面对未来。

学习活动对于青少年成长至关重要，而积极心态和正面情绪则是促进个人健康的核心。与此同时，我们也需要关注和解决厌学问题的出现。只有通过多方协作，并了解孩子的真正需求，才能够帮助他们实现自我价值和成长。每个儿童和青少年都是一颗生机勃勃的种子，只是每个人绽放的时机不同。有些花朵在最初开放的时刻便展现出绚丽多彩的华丽景象，而有些花儿却需要经历漫长的等待。如果你的种子永远不会绽放，那或许是因为它是一棵参天大树。

第三节　躯体化反应

躯体化反应是一种心理精神现象，指的是精神压力和情绪问题表现为身体上的症状，这些症状可能包括头痛、胃痛、疲劳、肌肉紧张等身体不适感，而医学手段无法找到病理原因。在一些孩子出现考试焦虑和厌学行为之前，他们往往否认自身学业压力和情绪问题。然而，在上学过程中，他们会经历各种躯体不适，并频繁请假休息。为此，家长也会反复陪伴孩子进行各种躯体检查，但始终找不到导致这些躯体不适的器质性因素。

躯体化反应源自那些被否定、被压抑或不受欢迎的负面情绪或经历。这些负面情绪或经历深深根植于个体的潜意识。然而，由于青少年认知水平的限制，常常无法通过情绪表达来释放这种负向情绪，而是以身体不适的形式显现出来。由于这种躯体不适影响了学业，因此需要予以关注。

一、案例

【案例 1】

小璐，14 岁，女孩，就读于初中二年级。她前来咨询的主要问题是持续三个月出现的恶心和腹痛。最近几个月，小璐的母亲发现她早上上学时常常抱怨恶心和腹痛，有时还会出现恶心欲吐的感觉，上学时也表现得拖延磨蹭、不愿意离开家。老师也注意到，这学期小璐在课堂上注意力不集中，经常走神发呆，有时无法完成作业，考试成绩明显下降。父母非常焦虑，带她到多家医院进行检查，但没有发现任何异常，然而躯体不适的症状仍然没有好转。甚至在去辅导班的时候，她也会出现恶心、腹痛或其他身体不适的症状，即使吃药也无效。如果她不去学校或辅导班，而在家休息，小璐的不适感就会减轻或消失。小璐性格内向，懂事听话，学习成绩优秀。全家都对她寄予厚望，希望她能考上好的大学。从小以来，小璐无需做家务，把所有的时间都用在学习上，其他事情都不需要她操心。由于初二下学期有地理会考，母亲给她报了周末辅导班。小璐就诊于心理科后，心理医生根据检查报告和目前的症状分析，认为她出现了躯体化反应。家长才明白，是因为厌学情绪导致小璐出现了身体不适的症状，而这些躯体不适就是她逃避上学的一种表现。

【案例2】

小瑞，12岁，男孩，就读于小学六年级。他前来咨询的主要问题是持续一年的腹痛和三个月的全身不适。一年前，由于偶尔出现腹痛，他偶尔请假不去上学，后来逐渐发展为全身骨头疼痛，最终完全无法上学。家长带他到综合医院进行了各种可能引起以上疼痛的检查，但最终没有发现任何异常。因此，建议他来精神心理科就诊。心理医生经过了解得知：他第一次腹痛大概发生在七八岁时，当时他的父亲回家后和他的母亲大吵了一架，母亲哭着带着他离开家去逛街。当天天气很冷，母亲说她带着孩子不想回家。这一切发生时，孩子出现了腹痛的症状。在这种腹痛的情况下，母亲毫无办法，只能带着孩子回家。因此，以后一旦父母吵架，甚至只要小瑞看到父母脸色不对都会出现腹痛的症状。随着时间的推移，腹痛发作的频率越来越高，甚至不仅是腹部疼痛，他还开始感到骨头疼痛。自从小瑞生病后，父母之间的争吵变少了，他的父母为了查明孩子骨头痛问题辗转于各大医院，做了很多检查，住过两次不同的医院，但也没发现任何器质性问题。

二、分析讨论

（一）躯体化反应的界定

1. 躯体化反应的概述

躯体化反应是指青少年面对压力或困难时（通常表现在学业上），将心理症状转化为身体症状的现象。这种情况下，青少年会出现多种、反复、经常变化的躯体不适症状，但各种医学检查都无法证实存在任何器质性病变来解释这些躯体症状。躯体化反应属于心理问题，这些症状通常会持续数月或数年，并且抑郁和焦虑是许多青少年躯体化反应的基础，明显影响他们的学习。这类患者通常最初就诊于儿科或内科。需要注意的是，躯体化反应与精神科的躯体形式障碍有一定区别。躯体形式障碍的主要特征是患者反复叙述身体症状，坚持要接受医学检查，无视反复检查的阴性结果，并对医生关于其症状并无躯体基础的明确说明不予理会。躯体形式障碍中，患者以病态形式认知和表达自己的身体状况。他们通过反复讲述身体症状来不断强调其存在，并坚持要求进行各种医学检查。尽管这些检查结果一再显示没有任何异常，患者却无视这些阴性结果，执意认为自己身体患有疾病。躯体形式障碍的特征在于患者持续追求不可见的躯体异常作为证据，而忽略了医生反复保证其症状没有任何躯体基础的情况。因此，躯体形式障碍患者的躯体不适感更加严重。躯体化反应往往会在压力或困难事件解除后，躯体症状消失，而躯体形式障碍虽然也受心理因素影响，但不会因为心理因素的缓解而使躯体症状消失。

2. 躯体化反应的表现

青少年躯体化反应的表现非常多样，每个人可能有不同的症状和程度。

其主要表现为反复出现的、经常变化且不明确的躯体不适症状。这些症状可能涉及身体的各种组织和器官，导致患者反复就医，且往往无法正常上学的情况。其中最常见的症状是疼痛，特别是头痛和腹痛。还可能出现颈部疼痛、胸痛、四肢疼痛等，疼痛一般不强烈，但通常在身体检查中无法发现任何异常。情绪好时疼痛可能会减轻或消失，而在情绪不佳时则可能加重。患者通常在需要上学时会感到疼痛加重，无法去学校，但请假后在家时，疼痛会缓解。其他症状还包括胃肠道症状（如恶心、呕吐、腹胀、便秘、腹泻）、呼吸循环系统症状（如胸闷、气短）以及泌尿生殖系统症状（尿频、排尿困难等），有时甚至可能出现吞咽困难或咽部梗阻感等症状。

（二）躯体化反应的影响因素

1. 心理因素

躯体化反应与患者个体的个性特征相关。由于青少年的认知水平有限，在面对现实生活中的压力或困难时，一些青少年常常通过躯体化反应（即身体症状）来表达他们的痛苦和困难，而不是以言语或情绪的方式表达。

2. 社会文化因素

首先是学业压力日益加剧。中国青少年研究网的调查数据显示，70%的学生在学习上感受到压力。其中，有28%的学生承受着高强度的学习压力，38%的学生则有较大的压力，而仅有8%的学生没有学习压力。在现代西方社会的早期阶段，个人有机会获得大量的资源和途径，以帮助他们获得直接的情感交流技能。这些资源包括在中小学教育体系中设置的情感表达和团队沟通课程。因此，无论个人能力如何，人们从小就接触到了情感交流的概念。然而，中国的情况相对尴尬。中国的父母可能受传统文化影响，再加上历史因素，导致他们自身的情感表达能力有限。此外，一旦孩子开始上学，教育机构和家长往往将注意力集中在学习成绩上，未能给予孩子充分发展学习情感表达的空间。

（三）案例分析

【案例 1】

1. 症状评估

小璐一到上学就会出现躯体不适，上课注意力不集中，常走神发呆，有时作业也不能完成，考试成绩明显下降；在医院做检查，也没有检查出什么异常，但躯体不适症状一直没有好转。吃药对不舒服的症状也不见效。

2. 个案概念化

小璐的学习动力主要来自父母，除了学习，她对其他兴趣爱好兴趣较少，甚至在生活自理能力方面也有欠缺。随着年龄的增长，小璐开始形成自我意识，她小时候为了迎合父母而学习的行为是幼稚的，现在缺乏新的学习动机。

3. 干预策略

（1）自身方面

青少年需要有目标和动力的驱动，鼓励孩子自己设定明确的学习目标，并通过制定计划和采取策略来实现这些目标。同时，青少年还应该认识到学习是为了自身成长和未来发展，而不仅仅是为了达到某种外在的奖励或成绩。青少年应该深刻体验到知识和学习本身的乐趣和意义，从而激发他们内在的动力。

（2）家庭方面

家长应努力掌握正确的教育方法，提高家庭教育能力，重视子女的学习态度，培养正确的价值观，帮助子女发现学习的内在动机。重要的是避免过度放纵或一味追求学术成就，而忽视教育孩子如何认识和表达自己的情感。父母应引导孩子理解"学习是他们自己的责任，为未来独立生活做准备"。父母应给予青少年足够的自主权，鼓励他们参与决策过程，选择感兴趣的学科和课程。当他们有权利支配自己的学习时，会更有动力去探索和学习新知识。同时，还应被赋予一定责任，如管理时间和完成任务，以培养独立性和责任感。在培养孩子的学业成长和求知欲方面，父母必须客观评估孩子的学习能力。通过提供建设性的评价，父母可以全面分析孩子的优势和劣势。同时以孩子的兴趣为出发点，培养他们各方面的能力，而不只关注学习。这种方法不仅培养了他们的自我意识，也增加了对教育追求的信心。

（3）学校方面

学校应开展丰富多彩的文体活动和多样化的社会实践活动，提升学生的心理素质和促进学习兴趣。通过心理辅导帮助学生建立正确的心理防御机制，并减轻他们因心理压力而承受的负担。引入咨询计划，以满足学生的实际需求。

【案例2】

1. 症状评估

小瑞偶尔出现腹痛症状，导致偶尔请假不上学，后来症状发展为全身骨头痛，最终无法正常上学。尽管经过综合医院的检查，但未发现任何异常情况。

2. 个案概念化

小瑞的躯体症状与父母之间的关系密切相关，小瑞的躯体症状成为了家庭困扰的解决方式，暂时缓解了家庭危机。由于小瑞目前还无法正确理解父母的争吵，也没有其他适当的方式来应对家庭的困境，因此通过躯体化的方式来解决家庭问题。

3. 干预策略

家庭冲突、父母频繁争吵、离异都可能给孩子的心理健康带来伤害。上海市浦东新区精神卫生中心临床心理科主任刘亮医生指出，并非所有夫妻冲突都会对孩子产生不利影响，但长期未解决的夫妻间问题会给孩子带来负担。若夫妻长期存在未解决的矛盾，夫妻双方难以区分个人问题与应该公开给孩子的问题，将负面情绪传递给子女。加之孩子对父母话语的依赖，容易让他们陷入进退两难的境地。因此，家庭是孩子成长的摇篮，在父母感情出现问题时，应考虑孩子的年龄和认知水平，给予适当的解释或提供安全的成长环境。

三、躯体化反应的应对

家长和教师应该关注青少年的身心健康，并及时提供必要的支持和帮助。家庭应创造亲密和谐的氛围，鼓励青少年表达情感、分享问题。家长和教师应与青少年建立平等、尊重和信任的沟通关系。青少年通常不愿意表达内心困扰，家长和教师应耐心倾听，并给予他们安全感，让他们敞开心扉。通过积极倾听，可以更好地理解他们的需求，并找到合适的解决方法。家长和教师可以帮助青少年建立有效的压力管理和情绪调节技巧。例如适度运动、参与艺术活动、学习放松和冥想技巧等。这些方法可以帮助他们释放压力、缓解情绪，并提升心理健康。

第四节 与学习相关的心理问题的干预

学生心理问题日益凸显，尤其是一些与学习相关的心理问题，容易影响学生的学习能力和身心健康。同时，不同的心理问题可能因个体差异和环境差异而出现，干预措施需因人而异。近年来学业问题也越来越引起全社会的重视，我们也要在家庭、学校和社会的共同努力下，给予青少年一个健康良好的环境，引导青少年正确面对学业问题，减少和避免由学业问题导致的心理问题。下面我们探讨与学习相关的心理问题的干预策略，推动家庭、学校、社会以及学生本人构建和谐的心理健康环境。

一、社会方面

1. 在社会层面，我们需要充分利用并规范大众传播媒介，以营造良好的社会风气。社会舆论导向应引导青少年树立正确的人生观、价值观，以及坚定的信念和崇高的理想。倡导正确的学习观念，让孩子形成对学习的积极态度，激发孩子学习的内在动力。

2. 引导家长传承良好家风，关注自身的心理健康，并依法履行监护责任，营造良好的家庭环境，进而培养子女健康的人格和良好的行为习惯。

二、学校方面

1. 设置合理的学习任务，降低学习压力。同时，学校要充分关注学生的个体差异，因材施教，让每个学生都能在原有的基础上得到充分的发展。减轻学生过重的学习负担，增加学习的趣味性和参与感。

2. 提升教师教育水平。学校要加强教师队伍建设，提高教师的教育水平，使其能更好地关注学生的学习心理，关注学生的个体差异，为学生提供个性化的教育指导。

3. 建立同伴协助机制，鼓励互帮互助、友好相处，使他们面对外部压力时能够拥有良好的心理预警。无论是学校，还是社会的任何教育机构都应负起其责任，为青少年健康成长提供良好的成长氛围和环境。心理问题的发生与环境因素息息相关，减少被欺凌和指责的机会，也能减少学生心理问题的发生。

4. 建立心理辅导中心，聘请专业心理咨询师定期开展心理疏导和调适，为学生普及正确的心理观念和知识。要将心理健康教育融入学校各项教育活动中。现在青少年面临着学业压力、人际压力等巨大挑战，学校在平时的教育中不仅要考虑成绩的重要性，更要培养学生面对压力的勇气，正确的人生观和价值观，以及他们感兴趣的梦想。根据学校的能力，为青少年提供心理健康教育、个别咨询、团体咨询、电话咨询等服务。

三、家庭方面

1.构建和谐的家庭环境，家人之间互相尊重、理解，创造愉快、和谐的氛围。对孩子有适度的期望，用发展的视角来审视孩子和引导孩子。我们无法改变社会大环境的压力，但父母可以改变自己看待社会的心态，调整自身的焦虑，帮助孩子过滤掉一些来自社会的负面信息。同时，也不要把自己没有实现的愿望强加给孩子，要帮助孩子寻找他们自己的人生目标，并帮助他们找到应对压力和解决问题的办法。

2.注重家庭教育，父母应多关注孩子的情感需求，积极帮助孩子解决矛盾、调节情绪，增强孩子的安全感和归属感。与孩子进行更多的沟通，做孩子的朋友和倾听者，而非仅仅是管理者和唠叨者。培养孩子的多种兴趣爱好，如运动、绘画、唱歌等，既能消除疲劳和化解烦恼，也能发现孩子在其他方面是否有特长。同时，在生活中为孩子提供足够的条件，如充足的运动时间、充足的休息时间和合理的饮食。

3.关注孩子的情感需求。在家庭教育中，家长要关注孩子的情感需求，关心孩子的内心世界，为孩子提供情感支持。家长要正确关注孩子的学习情况，尊重孩子的努力，鼓励孩子在学习中取得进步。

四、个人方面

1.进行自我放松训练，如听音乐、进行浅度肌肉放松等活动，以增强身体的放松机能，减轻紧张症状。

2.养成良好的生活习惯,如保证充足的睡眠、适量的锻炼和合理的饮食,都是改善心理问题的有效方法。

3.进行积极乐观的思考，认真对待压力和挑战，乐观地面对失败，增强应对困难的能力和自信心。

五、多方协同共育

家庭、学校以及社会是学生成长过程中重要的支撑环境。因此，在干预心理问题时，应特别强调家庭、学校和社会的协同干预作用。

1.加强沟通与交流。家庭、学校和社会三方应定期进行沟通与交流，共同关注孩子的学习情况，分享孩子的成长经验，为孩子的学习提供全方位的支持。参照2019年各地教育部门按照国家卫生健康委等12个部门联合印发的《健康中国行动——儿童青少年心理健康行动方案（2019—2022年）》文件的要求，将心理健康教育内容纳入"国培计划"和地方各级教师培训计划，并加强各级各类学校教师心理健康相关知识的培训，以提高其服务学生的能力。

2.建立教育共同体。家庭、学校和社会三方应建立教育共同体，共同推动孩子的全面发展，共同关注孩子的学习心理，为孩子提供优质的教育资源。整合社会资源，开展心理健康教育，让更多的人了解心理健康方面的知识和方法。

通过这些努力，希望能够引起更多人对青少年心理健康的关注和帮助，减少因学习问题导致的青少年心理问题的发生。

第五章　青少年常见的问题行为

时代在不断发展，社会充满了不确定性，青少年在成长过程中，由于无法顺利适应多变的环境，在经历困扰和挫折后，可能无法依靠自身力量解决问题。久而久之，可能产生不良的适应性行为，甚至导致各种精神心理问题的出现。青少年阶段常见的问题行为有吸烟、离家出走、旷课逃学、网瘾等，更严重的有偷窃、校园霸凌、斗殴、自伤自杀等。对问题行为的研究越来越受到社会的关注，找出青少年问题行为的影响因素及预防干预的方法，有助于创造更有利于青少年发展的环境。本章将从现实生活中的一些案例出发，分析青少年常见问题行为的可能成因，并探讨心理社会干预策略。

第一节　非自杀性自伤行为

南京脑科医院 2021 年的调查数据显示，全球青少年儿童的非自杀性自伤行为发生率约为 19.5%，而在我国中学生群体中，发生率高达 27.4%。在我国精神科就诊患者中，非自杀性自伤行为的总发生率为 6.8%（门诊）和 6.5%（病房），其中 13~17 岁年龄段的发生率最高，达到 15.9%，18~22 岁的发生率次之，为 13.6%，其他年龄段的发生率较低。

一、案例

【案例1】

F某，女，17岁，就读于某重点中学高中二年级。F某因近一个月情绪低落，担心自己的学习成绩，因此前来咨询。

F某是家中的独女，父亲是公务员，母亲是教师。母亲工作地点在外地，每周末才能回到家中。F某的日常生活和学习主要由父亲照顾。F某自幼聪明伶俐，性格开朗，多才多艺，她的学习成绩一直很好，在小学阶段基本上都是班级第一名，初中时考入省城的私立学校住校，并一直名列年级前5名。她有较好的生活自理能力，父母在学校附近租了房子，每周末回家团聚。尽管父母对她要求并不严格，但由于F某非常懂事并且上进，父母很少需要操心，将她视为骄傲。初中毕业后，F某顺利考入所在省市的公立重点高中。由于父亲工作地点也调至省城，因此买了房子供F某居住。她每周末积极报名参加各种补习班，时间安排非常紧张充实。然而，自从进入高中后，她发现自己的成绩一直排在班级后十名左右，周围的同学非常优秀，见多识广，轻松地玩乐和学习，成绩惊人。班级中的大部分同学都是本地人，比较排外且骄傲。F某感到无法交到朋友，目前学习压力很大，自己没有任何优势，只能拼命学习，但成绩依然不理想。她的心情极其糟糕，有时偷偷哭泣，睡眠也受到影响。当心情烦闷时，她会听音乐、观看哔哩哔哩动画。初中时，她偶尔会用小刀伤害自己，但无法清楚表达内心的想法。然而，现在这种情况发生的频率越来越高，每周几乎会有2—3次的自伤行为，每次都划1—2道伤口集中在胳膊和腿部，伤口并不深但会出血。她自述这样做可以减轻焦虑情绪，使心情平静下来。她通常会穿长袖和长裤以遮盖伤口，家长、老师、同学并未发现。

【案例2】

小明，男，17岁，就读于普通中学高中三年级。因多次伤害自己身体，不想参加高考前来咨询。

小明面容清秀，中等身高，体形偏瘦。坐在医生前面，他低垂着头，神情木然。他的母亲在叙述病史时揭开了他的左手手腕，露出了许多星星点点烧灼过的痕迹，有些已经结痂，有些似乎是新的伤口……母亲泣不成声，而小明却说"我不想死，不是要自杀""我只是需要一点刺激，烧灼让我清醒""身体的痛不是痛"。

小明是一位被诊断为抑郁症已有 2 年的高中生，曾经家人对他寄予很高期望，日常生活中他也表现聪明伶俐。在小学和初中阶段他担任过大队长、班长等职务，小学阶段成绩优秀，初中稍稍下降，可以说是个既会说话又能干事情的学生，深受老师和同学喜欢。然而，他未能考入重点高中，父亲认为这是因为他过于热衷于学校社会活动而耽误了学习，生气一个多月不与他说话。小明上了高中后意识到学业压力很大，理科方面有些跟不上课程，高二时选择文科进了一个不错的班级。然而，学校里压抑的学习氛围，以及努力却无法取得顶尖成绩让他感觉喘不过气来。他无意中玩火机时烫到自己，让他突然产生了"爽"的感觉，在无聊、心情低落时，通过这种方式迅速烧伤自己似乎能够暂时解脱。从那之后，他形成了一种依赖，随身携带着打火机，几乎每天都会在自己身上烫一下，自嘲道："我这只胳膊要端不起我心爱的小提琴了。"家人为了他的情绪问题曾到当地精神病院求医，他被诊断为抑郁症进行药物治疗，情况有所好转。然而，自从进入高三以来，他对学习的兴趣越来越低，不想参加高考，并且烫伤自己的频率也增加了，他自觉即将崩溃。

二、分析讨论

近年来，因情绪调节危机引发的上述行为，我们称之为非自杀性自伤行为，较为多见，并且有上升的趋势。这种行为严重影响青少年学生的心理健康，其危害也逐渐引起了社会各界的重视。

（一）非自杀性自伤行为的界定

1. 非自杀性自伤行为

非自杀性自伤行为（Non-suicidal self-injury，NSSI）是指个体在没有自杀意图的情况下，故意破坏身体组织以达到特定目的的行为。非自杀性自伤行为的个体常常会采取一系列直接、故意、反复伤害自己身体的方式，例如切割伤、灼烧、刺伤、击打、过度摩擦等故意的自我伤害，但不会导致死亡。自伤的目的更多是为了缓解内心的痛苦，解决某些人际关系问题，而并非故意要自杀。青少年和青年早期阶段是非自杀性自伤行为较为常见的时期，高发年龄在14~24岁之间。研究显示，NSSI行为在青少年中的发生率为17.2%[1]，中国中学生非自杀性自伤行为的总检出率高达27.4%[2]，是一个严重的公共卫生问题。

2. 非自杀性自伤行为的研究

迄今为止，世界各国学者对NSSI进行了大量的研究，他们认为其发生率较高，亟需政府、社会机构、公共卫生专业人员、精神卫生医护人员、心理学专业人员和社会工作者的高度重视。NSSI行为是一种重复性的自我伤害行为，常伴随出现在各种类型的精神疾病中。[3] 过去NSSI行为常常被忽视和边缘化，只将其列在《精神疾病诊断与统计手册（第五版）》（DSM-5）的第三部分"需要进一步研究的状况"中，直到最新版国际疾病分类（ICD-11）才将NSSI定义为一种疾病，即"个体故意对身体造成

---

① Wolff J C, Thompson E, Thomas S A, et al. Emotion dysregulation and non-suicidal self-injury: a systematic review and Metaanalysis [J]. *Eur Psychiatry*, 2019, 59: 25-36.

② 韩阿珠，徐耿，苏普玉. 中国大陆中学生非自杀性自伤流行特征的 Meta 分析［J］. 中国学校卫生，2017，38（11）：1665-1670.

③ Plener P L, Kaess M, Schmahl C, et al. Nonsuicidal self-injury in adolescents [J]. *Dtsch Arztebl Int*, 2018, 115 (3): 23-30.

的伤害，最常见的是割伤、刮擦、灼伤、咬伤或撞击，并预期只会导致轻微的身体伤害"，但目前在临床上并未被广泛应用。

从青春期晚期到成年早期，NSSI 行为的发生率逐渐降低，但成年后长期心理健康问题的出现和自杀的风险有所增加。[1] 研究者通过对照研究发现，113 例年龄在 12~25 岁之间的青少年患者的 NSSI 行为与自杀行为有强相关性，NSSI 患者的自杀风险可增加 7 倍以上，且 NSSI 行为的发生率越高，自杀意念越强。[2] 因此，一些学者认为 NSSI 是自杀风险的预测因子。

（二）NSSI 的影响因素

陈润森团队从生理—心理—社会—生态系统的角度对中国人群的 NSSI 风险因素进行了系统性总结，最终得到了 249 个风险因素，涵盖了生理（如基因）、心理（如情绪痛苦）、家庭（如家庭经历）、社区环境（如低社会支持）和自然环境等五个层面。

1. 生理因素

目前尚无统一的说法，比较有影响的假说主要有：Auerbach 等认为，有 NSSI 行为的青少年中功能性磁共振成像显示额叶发生改变，额叶与语言处理、情绪、情感、记忆、智能和感知觉等密切相关[3]；自伤的思想和行为与右杏仁核、左海马体和左后扣带皮层的过度激活有关，这些区域负责与 NSSI 有关的心理过程，包括情绪处理与记忆过程等[4]；Blasco-Fontecilla H

---

① Brown R C, Plener P L. Non-suicidal self-injury in adolescence [J]. *Curr Psychiatry Rep*, 2017, 19 (3): 20.

② 阮卓尔, 管丽丽, 于欣. 非自杀性自伤行为青少年患者自杀意念的相关因素 [J]. 中国心理卫生杂志, 2022, 36 (8): 691-695.

③ Auerbach R P, Pagliaccio D, Allison G O, et al. Neural correlates associated with suicide and nonsuicidal self-injury in youth [J]. *Biol Psychiatry*, 2021, 89 (2): 119-133.

④ Huang X, Rootes-Murdy K, Bastidas D M, et al. Brain differences associated with self-injurious thoughts and behaviors: a Metaanalysis of neuroimaging studies [J]. *Sci Rep*, 2020, 10 (1): 2404.

等指出，下丘脑—垂体—肾上腺应激系统可能与 NSSI 成瘾相关[1]；学者 Turhan 等人证实，神经递质血清素相关的候补基因与自伤相关的心理行为问题密切相关；Kraus A 等人的研究表明，青少年神经系统生理改变对情绪调节有一定的影响，还可能影响青春期自伤行为的发生；此外，Cummings Logan R 和 Mattfeld Aaron T 提出神经发育敏感性会增加社会情感风险，从而加剧和维持青春期非自杀性自伤行为的发生；其他一些研究认为，重度抑郁症是 NSSI 人群的重要组成部分，NSSI 行为与睡眠问题密切相关等。

2. 心理因素

青少年的心理发展尚未成熟，容易受到外界的负面影响和刺激，在遭遇挫折和困难时缺乏应对技能，因此使用自我伤害来缓解压力；其次，在青春期存在着心理学家所称的"闭锁心理"现象，青少年往往将自己封闭起来，不轻易向他人表达自己的感受和愿望，负面情绪没有出口便指向自己；此外，青少年注重他人对自己的看法，受假想观众的影响，表现出疏离感，会导致更多的越轨行为、抑郁和社交焦虑等负面影响，由此也增加了青少年非自杀性自伤的风险。

3. 家庭与社会因素

单亲家庭、留守儿童、学业压力、乡村到城市的迁移经历等风险因素是社会变迁特有的风险因素。对自伤青少年而言，家庭生活方面主要受童年创伤经历和不良的家庭养育环境的影响；社会生活方面主要受学校的学业压力和校园欺凌的影响。

（三）案例分析

【案例 1】

结合 NSSI 的界定和相关影响因素的分析，根据认知行为疗法对案例 1

---

[1] Blasco-Fontecilla H, Fernandez-Fernandez R, Colino L, et al. The addictive model of self-harming (non-suicidal and Suicidal) behavior [J] . *Front Psychiatry*, 2016, 7: 8.

进行分析如下。

1. 症状评估

F某来访的原因是学业成绩下降，内心痛苦，并且频繁进行自伤行为。而F某自伤的背后是她抑郁的情绪，具体表现为情绪低落、对事物失去兴趣、注意力不集中，还受到同伴的人际压力的影响，导致睡眠质量下降、感到疲劳，并出现了不适当的自责和内疚。

2. 个案概念化

（1）促发因素

在F某的近期生活事件中，高中考试成绩的不理想和交不到朋友，以及班里其他同学所谓的强大，是导致她情绪问题的直接诱因。过去，F某学习成绩一直优秀，这是她主要的价值体现。但一旦成绩出现变动，她就会开始怀疑自己的价值，并变得情绪低落。加之同学的冷漠和母亲每周末才能见到，缺乏人际支持，使得F某的情绪问题更加严重。同时，她过于要强和好胜的特点也加剧了她的情绪低落。

（2）认知行为分析

F某当前最大的困惑是学习能力和成绩。最近，在学校上课时她很难集中注意力，经常被老师点名。此时，她会产生"我没听进去课，老师不喜欢我了"这样的自动思维。由此引发的情绪状态包括难过、无助和担忧。她还表现出了哭泣等典型行为，并逐渐产生对学习的抵触心理和觉得追不上其他人的想法。另外，当F某在学校听到同学说"私立学校的就是没有后劲，高中不行"时，她会产生"他们不喜欢我"的自动思维。由此引发的情绪包括难过和无助。随之而来的典型行为就是划伤自己以缓解烦闷，这种行为越来越严重。F某的自动思维是由于她早年经历而形成的核心信念被激活。F某从小聪明、成绩优秀，家庭条件在当地尚可且有一定社会地位，母亲是教师能够给予她一些教育资源。小学时，她就跟当地最好的书法老师学习书法，这些都容易让她形成"我不行"的核心信念。这类信念会在不同的情境中被激活，例如她会认为"别人不喜欢我""我不够好"等等，这些都指向了"我不行"的核心信念。

为了避免核心信念被激活，F某在成长过程中发展出了一些中间信念和行为应对策略，以保护核心信念。例如，她形成了一些规则和假设，如"只有我学习成绩好，大家才会喜欢我""努力就会有回报，我这么拼就应该学习成绩优秀""我学习成绩好才能对得起背井离乡在省城上学"。相应的行为策略包括努力学习、寻求老师和同学的认同，以及取悦他人。F某采取这种策略是为了避免核心信念"我不行"的触发。

3. 干预策略

（1）自身方面

心理教育：首先，对F某现阶段所面临的实际问题进行"正常化"，让她更加接受当前的状态。其次，针对情绪敏感性，教给F某接纳和放松的技巧，并布置相关的家庭作业，让她持续进行练习，以降低她的生理唤醒水平和学习焦虑水平。

认知技术：重点关注F某在特定情境下的"解释"，进行认知重评。例如，当期中考试成绩不理想时，她把自己解释为"我成绩不好，他们就不会喜欢我"。此时，可以通过寻找反面证据的方式引导F某认识到"即使学习成绩一般，父母对我的爱没有改变，他们以前爱我的那些行为都没有改变""这次成绩不理想并不代表将来都会如此"。

行为技术：采用行为激活技术，首先让F某做一些让她感受到成就感和价值感的事情，从她擅长的科目，如英语学习中体会学习乐趣和成绩提升的快感，逐步增强F某对生活的掌控感，并激发改变的动机。

（2）家庭方面

对家长进行心理教育，让他们意识到F某学业困难和非自杀性自伤背后的问题实际上是她的情绪问题。家长应该认识到情绪问题对孩子健康发展的重要性及其重大意义。家长在有时间的情况下，尽量多陪伴孩子，不要因为她拥有独立性而忽视她的需求。在与孩子的互动中，需要更多倾听，给予孩子更多包容、理解、陪伴和支持，并有意识地满足孩子的情感需求。特别是每周末才能回家的母亲，应该保持每天的视频联系，为孩子创造生活中更多的乐趣。家长应该在自己的能力范围内提供支持，根据孩子的需要提供相关资源并配合。F某表示希望参加一个奥赛数学班，虽然不是为了被选拔参赛，但老师的辅导可以为她学习数学提供新的视角。

（3）学校方面

家长应适当与班主任老师交流关于F某的情况，并持续关注她的心理健康状况。老师和同学可以给予F某更多的支持和鼓励，以增加面对和解决可能遇到的各种问题的信心。此外，学校方面还应定期进行有效的家校沟通工作，与家长配合，为F某提供更多陪伴和支持。

【案例2】

对案例2的分析如下。

1. 症状评估

小明已经抑郁了两年并接受药物治疗，效果尚可。但是现在他即将面临高考，由于成绩不理想的诱因，他开始出现行为回避，包括回避学习情境（不愿上学），以及自我伤害等行为。

2. 个案概念化

小明的突出表现主要为"灾难化"的焦虑信念，例如他认为"我焦虑抑郁就无法学习""我考不好，就会没脸见人"。在小明的成长经历中，父亲严格的管教和高期望，以及自己在学习以外领域一直保持卓越的表现，使他逐步形成了一个信念"只有在各个方面超过他人，他才有价值；而如果他的成绩不好，就意味着他没有价值"。然而，未能考入重点高中对他来说是一次打击，而在高中阶段努力学习但成绩并没有改善的经历，让小明对自己的无能和无力产生了深刻感受，动摇了他对自我价值的信心。面临即将到来的高考，他更倾向于做出灾难化的解释，如"如果我焦虑抑郁，就无法学习""如果我考不上大学，就完蛋了"等。这些解释会引发强烈的焦虑和恐惧，使他无法专心学习，甚至不能正常参加课堂活动。为了缓解内心的痛苦，小明自我伤害的频率也在增加。

3. 干预策略

（1）自身方面

心理教育：首先，让小明了解他目前所面临的考试焦虑问题是一种"正常化"的焦虑，每位考生都会存在不同程度的考试焦虑。一定程度上的焦虑有助于更好地发挥，让他能够接受目前的状态，并看到焦虑恶性循环的后果。通过行为功能分析，帮助小明认识到焦虑的诱因和他个人的应对策略，并认识到应对策略在短期内能够有效缓解焦虑，但在长期内可能维持焦虑的作用。

认知技术：重点关注小明在特定情境下的"解释"进行认知重评。例如，即使考试成绩不理想，也不会有想象中的灾难化后果。

行为技术：教导小明接受和放松技巧，并布置家庭作业让他持续练习，以降低他的生理激活水平和焦虑水平。采用暴露和反应阻止技术，使小明逐渐"习惯化"他的焦虑感受，并增强他自身对焦虑感觉的耐受性。每当他想灼伤自己时，他可以尝试深呼吸，并用其他行为代替，如拉一首他最喜欢的小提琴曲目，或者用不引起伤害的方法转移对自己身体的伤害欲望。

（2）家庭方面

向家长进行心理教育，让他们认识到小明休学和自伤背后的问题是与他的情绪问题有关，要让家长意识到情绪问题对孩子健康发展的重要性和影响。家长在调整自己的期望值的同时，应给予小明更多自主空间，并多次夸奖他的其他努力和优点。他对兴趣爱好的培养也可以成为他在艺考方面发展的特长。在与孩子互动中，家长需要更多地倾听孩子的心声，给予孩子更多的包容、理解和陪伴，有意识地满足孩子的情感需求，不将自己的欲望强加于孩子身上。

（3）学校方面

小明复学后，学校应持续跟踪关注他的心理健康状况，老师和同学应尽可能给予他更多的支持和鼓励，帮助他重建信心，面对和解决可能遇到的各种问题。此外，学校还应定期进行有效的家校沟通工作，与家长配合，为小明提供更多陪伴和支持。

第二节　网络成瘾

信息技术的发展，给我们的生活带来了极大的便利，电脑和手机的应用让我们的世界发生了巨大的变化。合理利用网络可以起到积极的作用，然而反之则事与愿违，越来越多的青少年出现网络成瘾的问题，以及由此造成的危害令人深感震惊。

一、案例

【案例1】

E某，男，14岁，就读于某中学初中二年级。E某近一年过度沉迷于手机游戏，一周前与父亲发生激烈冲突后，拒绝去学校上课。E某母亲前来咨询相关问题。

E某在本地一所较好的中学就读，该中学的初中生源来自全市各地。他在小学阶段成绩一直名列前茅，初一时一直在班级前十几名。他的父母总是要求他努力学习，争取获得好成绩。然而升入初二以来，E某逐渐认为自己对物理学无能为力，数学成绩也开始下滑。尽管家长为他请了家教，但他发现自己与他人的学习差距越来越大，他的焦虑和烦躁情绪不断增加，导致学习效率显著下降，难以专心学习。在疫情期间，他习惯了电脑上课。

然而，他的父母发现，他在电脑上并非在认真听课或学习，而是在玩游戏。每次被问及时，他都回应说刚刚打开游戏，并且作业已经完成，只是想玩一会儿。这种情况几乎每天都会发生。在父母与孩子协商后，他们制定了家庭合约：他的手机交由父母负责管理，每周五、周六晚上可以玩一个小时；为了保护他的眼睛，父母购买一台最新的平板电脑给他使用，平时也是由父母保管。然而，在最近几个月，E某每次玩游戏的时间不断延长，甚至需要父母强行收走他的手机。还有几次他被发现在深夜偷偷拿走手机，在被窝里玩游戏。由于此事，他的父亲多次责骂他，母亲试图与他沟通，每次他都答应好好配合，但是一旦拿到手机，他的态度就完全变了。最近的月考成绩排名下滑至班级四十多名，引发父母的焦虑与紧张，但是E某本人并没有表现出特殊的情绪。上周，他不愿意参加补习课，也不愿意完成作业，在周日与母亲闹腾时要求玩手机，与父亲发生口角。在父亲动手之际，E某首次反击，两个人闹得不可开交。此后，孩子坚决不去学校上课，并威胁如果不给他手机，他就不活了。现在他只是在家里玩游戏，无论谁说什么，他都不听，也不与任何人交流。父母只能向学校请假，寻求心理咨询（E某本人不愿意前来）。

E某是家中独生子，父母是大学同学，孩子3岁时，父亲开始创业，母亲是银行营业经理。由于父母工作繁忙，E某从小由姥姥姥爷照顾。小时候，他与姥姥姥爷他们住在一起，近五六年来，他们搬到了同一小区的另一套房子，日常生活主要由姥姥姥爷打理。E某从小性格温顺，喜欢和同学一起玩耍，并且有许多兴趣爱好。他通常将自己的心里话告诉母亲，因为觉得母亲能理解自己。

最近一个学期回到学校后，E某告诉母亲他上课无法专心听讲，感觉同学们变得很陌生，觉得学校越来越没有意义。他意识到自己不断违反家庭合约，沉迷玩游戏的行为是错误的，这导致父母之间发生争吵，他对母亲感到非常抱歉。然而，他又不知道如果不玩游戏，他该做些什么。他暂时不想过多考虑这些问题。关于不去上学的将来，他则表示再说吧。

【案例2】

李欢,女,高一学生,独生女。小学时学习成绩优秀,初二开始接触网络,在手机上玩游戏,并渐渐沉迷其中。初中学习成绩一般,中考后进入一所重点高中的国际班学习。但是高中开始后,她对学习逐渐失去了兴趣,偶尔会和同学一起去学校附近的网吧玩游戏。家人反复劝说无效,她逐渐发展到会在上学期间偷偷溜去网吧上网,甚至偶尔在晚上不回家而留宿于网吧,家人多次寻找她甚至报警。

李欢的父亲与他人合伙经营一些小生意,经常外出,母亲则打工,家庭经济条件一般,父母文化程度较低,均为高中毕业。父亲性格暴躁,经常动怒并与母亲争吵,但对女儿比较疼爱,会满足她的一切要求。李欢的父母对她的期望较高,他们认为自己这一代人因没有文化吃了很多苦,母亲也是从农村进城的,所以他们希望孩子能考上大学,有个好工作,对于李欢在学习方面的要求,她几乎都能得到满足。虽然李欢就读的小学和初中都是当地比较不错的学校,但李欢的性格并不开朗。从很小的时候开始,她就自卑,并且常常独自待着,没有什么朋友,偶尔与男同学交谈几句,但与女同学几乎没有交往。高一开始后,她封闭自己,沉迷于网络无法自拔。父母的责骂并没有起效。到目前为止,她经常旷课逃学,成绩一落千丈,已被学校多次劝退。

二、分析讨论

随着网络信息的发达和经济的发展,国内手机普及率高达96%,中学生几乎每人都有手机,手机便于他们与家人联系以保证安全。然而现在的中学生面临着巨大的学习压力,其生活和交友圈相对狭窄。通过手机了解外面的世界,成为他们社会化的重要途径。同时,智能手机功能众多,吸引他们沉浸于虚拟世界,以摆脱来自现实生活的压力,也可以与陌生人进行自由交流和对话，有助于情绪的宣泄。目前，网络成瘾在学生中越来越普遍，并呈上升趋势，严重影响青少年学生的身心健康，其危害日益受到重视。

（一）网络成瘾行为的界定

1. 网络成瘾的概念

网络成瘾症，是指上网者长期、习惯性地沉浸在网络空间中，产生强烈依赖，并达到痴迷程度的一种行为状态。

常被称为网瘾，也常被称为网络过度使用症。研究发现，网瘾的高发人群主要是12~18岁的青少年，男性占多数，男女比例为2∶1。其中，网络游戏、色情内容和聊天等，对青少年的心理需求（如逆反心理，好奇心强，寻求刺激、惊险和浪漫等）提供了极易上瘾的满足途径。

然而，关于"网瘾"的医学理念在全球范围内尚未达成共识。即使是最早提出网络成瘾诊断标准的美国心理学家金伯利·杨也认为，"网瘾"并非一种独立的精神疾病，而是网络使用者中"冲动控制障碍症"的体现。我国卫生部门也对此持类似观点，认为"网瘾"只是指网络使用不当，主要表现为长期强迫性使用网络的不自主行为。

中国的陶然团队于2013年5月制定了《网络成瘾临床诊断标准》，被美国精神病协会纳入《精神疾病诊断与统计手册（第五版）》（DSM-5），成为中国首个获得国际医学界认可的疾病诊断标准。

此外，2018年6月发布的最新版国际疾病分类（ICD-11）中新增了游戏障碍的诊断分类，指的是少部分游戏者因对游戏行为失去控制，使之超越生活中的其他一切事物，并对其本人造成伤害，需要诊断和治疗。此类游戏行为已经对个体的躯体、精神和认知功能都造成了损害。

2. 网络成瘾的特点

网络成瘾在日常生活中有多种表现形式，包括但不限于：网络色情成瘾、网络关系成瘾、网络购物成瘾和网络游戏成瘾等。网络的过度使用会对身体造成伤害，给工作、学习和社交带来痛苦，甚至影响到正常的生活沟通。

网瘾表现为一种逃避手段，使成瘾个体在日常生活中回避问题。研究发现，网瘾的特点包括：（1）社会情感不成熟；（2）自我认同空虚；（3）挫折和无能为力；（4）持续的焦虑；（5）行为障碍以及情感依赖；（6）无价值和不认同感；（7）孤立感和孤独；（8）情感空虚。

3. 网络成瘾的分类

互联网于 1991 年创立，之后迅速发展。对网瘾的首次描述出现在 20 世纪 90 年代。然而当时既没有关于电子游戏和网瘾的共识，也没有确定的概念和诊断标准。在众多临床因素中，需要注意的是，网瘾的危害程度与多种成瘾行为存在一定的关联。事实上，电子游戏、计算机通信、网络色情和工作狂之间存在许多重叠之处。网瘾的分类包括游戏成瘾、色情成瘾、信息搜集成瘾和网恋成瘾等。有些人还会网络购物成瘾。一般情况下，电视成瘾属于被动型，而电脑游戏成瘾则属于主动型。

柯和他的伙伴（Ko et al., 2005）的研究显示，网络成瘾与物质和病理性游戏的成瘾性症状之间有重叠，有学者认为，网瘾属于强迫症，而也有人坚持认为其属于非指定性冲动控制障碍。在《精神疾病诊断与统计手册（第五版）》（DSM-5）中，将"强迫性网络使用"列为一个特殊类别。此外，还有很多人主张将网瘾归入非行为成瘾（Weinstein and Joyeux, 2010）。

（二）网络成瘾的诊断

国家卫生健康委员会发布了《中国青少年健康教育核心信息及解读（2018 版）》，对网络成瘾的定义及其诊断标准进行了明确界定：在无成瘾物质作用下，表现出对互联网使用的冲动失控行为，导致学业、职业和社会功能明显受损。其中，持续时间是网络成瘾障碍诊断的重要标准，一般相关行为至少要持续 12 个月才能被确诊。

1. 网络成瘾的症状标准

长期反复以不是为学习和工作为目的使用互联网，导致日常生活和社交功能受到损害（如社交、学习或工作能力方面），符合以下症状。

（1）对互联网的使用有强烈的渴望或冲动感。

（2）减少或停止上网时，出现身体不适、烦躁不安、注意力不集中、睡眠失调等戒断反应；上述戒断反应可以通过使用类似的电子媒介（如电视、掌上游戏机等）进行缓解。

（3）下述 5 条内至少符合 1 条。

① 不断增加使用网络的投入程度以达到满足感；

② 难以控制使用网络的开始、结束和持续时间，经多次努力仍未成功；

③ 执拗地使用网络，不顾其明显的危害性后果，即使明知网络使用的危害仍难以制止；

④ 由于网络的使用，减少或放弃了其他的兴趣、娱乐或社交活动；

⑤ 将网络作为一种逃避问题或缓解不良情绪的途径。

（4）病程标准

每天平均连续使用网络时间达到或超过 6 小时，症状已持续达到或超过 3 个月。

2. 流行特征

（1）网瘾率

全世界过度使用网络的人数呈上升趋势，尽管目前缺乏大规模的流行病学调查数据，但已有研究结果显示，网瘾率正处于不断攀升的状态。在德国，3% 的人群被认为有网瘾危险（Wolfling，2009）；韩国的网络成瘾患病率介于 1.6% 和 20.3%（Weinstein and Lejoyeux，2010）；在意大利，5.4% 的青少年被发现存在互联网使用问题（Pallanti et al.，2010）；在希腊，12.8% 的青少年有互联网的使用限制（Tsitsika et al.，2009；Aboujaoude，

2010；Shaw and Black，2008； Weinstein and Lejoyeum，2010）。

我国不同地区的网瘾率有所不同，从 6.4%（陕西）到 2.4%~5.52%（湖南）（Deng et al.，2007）。根据《中国互联网络发展状况统计报告》，截至 2017 年 12 月，我国网民规模达 7.72 亿，男性网瘾比率明显高于女性。其中学生群体规模最大，占比为 25.4%。12~16 岁的青少年是网瘾高发人群，我国 13~17 岁的青少年在网民中的网瘾比例最高，网络成瘾发生率在 3.5%~15%，大学生网络成瘾发生率在 4.0%~14.2%。中国的青少年中，10.2%（13~18 岁）中等程度地使用互联网，6% 是严重"痴迷者"（Lam et al.，2009）。数据显示，全球范围内青少年过度依赖网络的发病率为 6%，而我国的比例接近 10%。中国社会科学院大学全球健康研究中心发布的《青少年成瘾行为调研报告——基于 2017/2018 青少年健康行为网络问卷调查数据分析》显示，我国未成年人互联网使用已相当普及，在玩游戏时间方面，相较于非留守儿童的 8.8% 选择"每天玩 4~5 小时"，留守儿童的比例达到了 18.8%。虽然目前缺乏大样本流行病学调查数据，但既往研究显示，游戏成瘾的流行率约为 0.7%~27.5%。中国农村越来越成为网瘾的重灾区，并且引发了很多犯罪和自残行为。而在这背后，除了青少年自制意识的问题被掩盖之外，农村公共文化设施相对匮乏、优质教育资源缺乏、家长双双外出打工等问题也是导致此情况的原因之一。

2020 年 5 月 13 日，中国基于对全国 31 个省（区、市）的小学、初中、高中及中等职业学校 34661 名学生的抽样调查，发布了《2019 年全国未成年人互联网使用情况研究报告》（以下简称《报告》）。[①] 该报告从未成年人上网使用设备、网络学习或娱乐、网络安全与防护等方面展示了未成年人上网及上网生活状态。报告显示，2019 年我国未成年网民规模为 1.75

---

① 数据来源：中国互联网络信息中心网站. 2019 年全国未成年人互联网使用情况研究报告［EB/OL］.［2020-05-13］. http://www.cac.gov.cn/2020-05/13/c_1590919071365700.htm?ivk_sa=1024320u.

亿，未成年人互联网普及率达到 93.1%，城镇未成年人互联网普及率达到 93.9%，农村未成年人普及率达到 90.3%；未成年人学龄前触网的比例显著提升，32.9% 的小学生在学龄前就开始使用互联网。

网络给我们的学习、工作和生活带来了很大的便利，但同时网络的不健康使用也给监督管理和网络保护机制等方面带来了一系列问题。

（2）对日常生活和健康的影响

国外学者让蒂勒研究探讨了电子游戏对 1178 名 8~18 岁的北美儿童和青少年日常生活的影响（Gentile et al.，2009），结果表明，8.5% 的被试者存在病理性症状，对家庭、社会、学业和心理状态产生了影响。特黑罗·萨尔格罗的研究发现，在西班牙的人群中，也有类似的比例（9.9%）（Tea. guero，2002）。这些儿童和青少年同时存在电子游戏与网络成瘾。斯温的研究表明，注意力不集中问题与玩游戏的时间有关，而这种关联从童年一直持续到青春期和成年早期（Swing et al.，2010）。此外，其他一些研究也证实了儿童、青少年和年轻人的多动症（或多动症症状）与互联网和游戏成瘾有关。

由于青少年具有认知能力较弱，缺乏辨别是非、筛选能力的心理和社会特点，他们比其他年龄段的人更容易成为网瘾的受害者。长时间沉迷于网络游戏会影响儿童和青少年的生长发育，还会增加健康问题的风险，如心血管疾病、糖尿病、肥胖和胃肠道功能紊乱等。严重者甚至可能导致猝死。同时，约有五分之一的网络成瘾者容易出现缺陷多动障碍、抑郁或焦虑等问题，这些问题也比一般人更为普遍，给青少年的学习和生活带来了巨大冲击。目前，我国各地的中小学阶段，"网瘾"现象呈上升趋势，导致青少年学业荒废、人际关系障碍、暴力攻击行为增多，甚至有些走上违法犯罪的道路。

由于成瘾者长时间上网，中枢神经系统持续处于高度兴奋状态，导致睡眠节律紊乱，并引发体内一系列复杂的生物化学变化，尤其是自主神经功能紊乱、体内激素水平失调和机体免疫力降低，从而诱发各种疾病，如心血管疾病、胃肠神经症、紧张性头痛、焦虑症和抑郁症等。此外，视力下降、腕关节综合征、背部扭伤、颈椎和腰椎退行性病变等问题也屡见不鲜。严重者可能出现心理和人格扭曲，社会功能受损，脱离社会，逃避责任，最终形成恶性循环。

目前尚不清楚网络成瘾及其各种合并症是否可以通过共同的危险因素来解释。病态使用电子游戏／互联网可能是促进其他疾病发展的因素之一，或者还存在其他促进病态使用电子游戏／互联网的疾病，将是未来一段时间内医学重点研究的课题。

3. 社会根源

网络是现代最伟大的发明之一，它突破了时间和地域的限制，为人类的发展提供了无限的方便和效率。然而，对于心智还处于发育阶段的青少年来说，完全放任自流和自主使用网络可能导致沉溺和偏移。儿童玩耍是他们最本能的特质，高质量的游戏可以引导孩子们产生原始的兴趣，并对历史、知识和技能的习得等产生强大的动力。然而，在过度使用网络，尤其是伴随着网络色情内容的情况下，抑制所感知的效果尤其明显。网络成瘾者试图通过虚拟的网络世界摆脱现实中的困扰，不断对自己的行为作出一些合理的解释和辩解。网瘾的危害，尤其是对青少年心理和社会功能的破坏，已经到了相当严重的程度。与物质依赖成瘾相比，青少年电子游戏障碍和网络成瘾是行为成瘾中最单纯的形式，不受任何物质摄入的影响。

（1）社会因素

随着高科技的出现，网络与我们的生活息息相关。正常的工作、学习和交流都离不开网络。与此同时，网络游戏和娱乐项目的开发者追求经济利益和人们对休闲娱乐的需求，尤其是那些惊险刺激的网络游戏、激情四溢的色情电影以及趣味盎然的网络聊天等，能最大限度地满足人们的心理需求。再加上虚拟世界可以弥补现实社会中人们的无奈和无力，网络成为逃避现实生活的天堂。当代人变得越来越依赖网络，就像没有食物就无法生存一样，离开网络一刻也无法呼吸。

（2）环境因素

网吧的出现，让一些只追求利润的人忘记了未成年人的权益，他们无视道德原则，通过各种手段让未成年人流连在网吧里，供应网络游戏、色情内容和聊天等，恰好满足了青少年的心理需求，进而形成了网络成瘾，甚至因此对未成年人的违法犯罪行为进行教唆和要挟。

学校是青少年学习成长的主要场所，由于当前教育的误区，我国仍然使用应试教育模式，过分强调学习成绩，一味追求"升学率"，忽视了学生的品德教育。有些学校和老师只教书不育人，只关注"优等生"，对"差生"几乎不关心，对学生的不良行为很少能正确引导，不敢进行批评教育，不与家长联系，更不愿向公安机关举报，导致"差生"无人管理，问题层出不穷。对于青少年而言，在学校环境中，网络游戏同伴的影响、同学之间的攀比和从众等因素也是沉溺于网络的重要原因。

（3）家庭因素

一方面，由于家庭环境的影响，父母忙于工作无暇管教孩子，导致他们对网络产生依赖等等，或者父母本身就是网迷，或者在家打麻将赌博，给孩子造成了不良的影响，孩子也没有得到一个良好的学习环境，更多地渴望网络。此外，还有很多父母对孩子处于过度溺爱或过于严苛两个极端，对孩子的义务教育不讲究教育方法，对已经染上网瘾的孩子，要么打骂、家暴，要么放任自流，最终错过戒除网瘾的最佳时机，毁了孩子的学业。家庭教育是导致青少年网瘾的一个重要因素。一直以来，青少年网瘾问题困扰着很多家庭，也频频演变为严重的社会问题。

（4）个人因素

①生物因素：成瘾强化理论是根据条件反射的理论提出的，成瘾行为的强化是一种正强化。成瘾物质是一种正的强化物，能奖励成瘾者并产生快感，成瘾行为的主要动机是为了寻求满足成瘾行为而产生的快感，网络成瘾可以减轻或暂时免除个体的痛苦和不快，使其产生反复的成瘾行为。

大部分网瘾青少年在现实生活中缺乏成就感，很多人经历过学业失败，内心极度失落，孤独空虚，缺乏自信，为了避免孤独感，缓解内心的焦虑，通常会选择逃避，在网络这个虚拟的世界里重新找到失落的自我和能够满足的成就感。

成瘾者在现实生活中多有社会功能紊乱和个人生活的破坏，包括人际交往障碍、生活适应不良、学习适应不良、家庭适应不良等。而网络成瘾又反过来导致成瘾者社会功能的进一步缺损，严重者还会出现违法违纪等反社会行为。

②成瘾人格：对成瘾的探索有40多年的历史，研究者发现网络成瘾者和其他药物滥用者一样会形成一种生活风格。他们经常逃避广泛性的社会关系，只与其他沉迷于网络的人发生联系，逐渐脱离社会。寻找和使用成瘾的刺激会导致人格的改变。在面对压力时，成瘾者一般会采取不恰当的负面生活应对方式。金伯利·扬的网络调查发现，许多网络成瘾者以前是嗜酒者和其他物质上瘾者，正是基于人格和不良生活方式的影响。

部分研究指出网络成瘾与人格特征有关，在美国的青少年中，网络成瘾伴随着轻度躁狂、病理性性情改变和强迫性、边缘性、反社会性人格的出现。自恋人格（Kim et al., 2008）和不耐受挫折（Ko et al., 2008）与网络成瘾有关。而对于意大利青少年来说，述情障碍、分裂体验、自卑和冲动似乎是导致网络成瘾的潜在危险因素（De Berardis et al., 2009）。还有研究证实网瘾和高水平冲动有关（Meekerk et al., 2010）。

（三）案例分析

【案例1】

E某来访的原因是游戏成瘾，拒绝上学。而E某成瘾行为的背后是学习压力大、家人不切实际的期待、进入初中后各方面的不适应、来自同伴的人际压力以及不适当的自责和内疚。

在E某近期生活的事件中，自从升入初二以来，E某数学和物理学不好，成绩下降，即便有家教辅导，学习效果也不佳。他出现了烦躁和焦虑情绪，学习效率明显下降，无法专注于学习。另外，疫情期间，由于需要使用电脑上课，E某偶尔开始玩游戏，升级至现在几乎每天都沉迷其中。他不遵守家庭合约，与父亲发生了冲突。而在此事上，E某的父母并未达成共识，导致家庭不和谐。母亲的哭泣使E某更加烦躁，并希望能够通过寻求网络世界中的自由与宁静来逃离现实。

经过心理咨询发现，E某目前最大的困惑是学习能力的问题，无法应对当前的学校和家庭状况，试图通过逃避来解决。此外，E某在游戏中表现出色，能够获得成就感，找到人生的乐趣。他觉得自己暂时无法解决困境，不愿意努力学习，并希望休学，对未来也没有打算。

干预策略：诸多因素影响着网络成瘾的发生，截至目前，网络成瘾的治疗效果尚不理想，还没有一个较权威的治疗方法，针对本案例，建议：（1）家长应达成共识，重视孩子的上网管理和教育，避免在孩子面前争吵，并与孩子协商制定双方都能履行的新协议；（2）与学校建立联系，争取获得老师和同学的支持，让E某能够感受到学校的温情，为他重返课堂奠定基础；（3）父母应多花时间陪伴孩子，倾听他们的内心声音，帮助孩子逐渐重新找回曾经的兴趣爱好，并减少上网时间；（4）定期进行家庭治疗，以促进家庭成员之间的良好沟通和合作。

【案例2】

李欢初中时开始接触网络，后沉迷其中，在手机上频繁地玩游戏，结果导致学习成绩下降，未能考入重点高中而进入国际班学习。由于家庭背景的差距和对未来的迷茫，她逐渐失去了对学习的兴趣，沉迷于游戏中，经常流连于网吧和游戏机房。

李欢性格内向并且自卑。父母之间的关系并不和谐，他们忙于生计而疏于交流，虽然尽力在生活中满足孩子的需求，但对于一个正处于成长期的少女的情感需求和精神需求了解甚少。父母所有的付出都只是为了让孩子考上一所好大学，这加重了李欢的思想负担。当现实中的压力在网络空间得以缓解和释放时，李欢发现了自己的精神寄托，通过网络聊天、打游戏、游弋在虚拟世界中，她能够忘记所有的问题和烦恼。家人的教育、跟踪、限制甚至报警对她毫无作用。

咨询中发现，李欢对自己旷课逃学的行为毫不在意，对学习成绩也不在乎，对学校劝退也毫无想法。

防治策略：尽管成瘾表现多种多样，但总体而言都源自内心未得到满足的情感需求，可能是缺乏亲密关系或缺乏安全感，或逃避内心深处的伤痛和困境。

（1）李欢是未成年人，政府不允许青少年在网吧过夜，需要全社会共同努力，加强对网吧等场所的管理，并加大对违法行为的惩治力度。

（2）与社区和学校取得联系，保留李欢的学籍并给予她机会，加强相关成瘾知识的教育，特别是对青少年的危害性教育，以预防孩子在没有父母监护的情况下，在网络聊天中受到坏人引诱的情况，确保上网安全。

（3）采取积极主动的防御措施，帮助李欢建立更坚定的生活信念和目标，这样才能更好地控制欲望，合理地使用网络，并逐渐克服和解决网络成瘾的问题。

（4）积极鼓励李欢学习电脑知识，学习计算机和互联网技术，在娱乐的同时提升自己，成为网络和计算机领域的人才。

（5）如果行为难以控制，需要在专业医师的系统指导下控制成瘾的强迫和冲突，必要时可以采取药物配合心理治疗。

第三节　校园欺凌和暴力

校园欺凌是校园暴力的最常见形式，世界各国普遍存在校园欺凌现象，不同地区之间欺凌发生率存在显著差异。根据联合国教科文组织的一项来自 96 个国家和地区的学生健康调查数据显示，19.4% 的学生每隔 1—2 天便会在学校受到欺凌，5.6% 的学生每隔 3—5 天便会在学校受到欺凌。校园欺凌行为会给学生造成不同程度的心理问题，而网络欺凌作为校园暴力的新形式，其发生率也达到了 14.5%。在我国，校园欺凌行为如果情节严重的，构成故意伤害罪。近些年来，校园欺凌和暴力现象日益严重，作为一个社会热点问题，引起了广泛的重视。

一、案例

【案例】

张某和刘某是某职业高中同年级的女学生，因张某认为她的男朋友与刘某的关系不正常。某天她突然约来同校几名未满 16 周岁的学生，当众对刘某进行谩骂和侮辱（如掌掴、脱衣等行为）。这一事件被他人拍照、录像并广泛传播。

类似的事件还可以在报刊上看到：

某中学的两名在校学生因一些琐事发生纠纷，后相约在校外打架。一方组织了一群人共同围殴另一方，致对方重伤送医院，在经历颅脑损伤后不幸身亡。

2020 年 4 月的新闻报道中提到，江苏宜兴市的一名女生长期遭到同班同学一群女生的排挤和辱骂，某天在公园里甚至被疯狂扇耳光，并逼迫下跪。这一事件被路人拍摄并上传到网络上。

2023 年 7 月 4 日，山西汾阳市公布了一起未成年人欺凌案件。此前在网上流传的视频中，一名女孩在地下室遭到 8 名未成年男女的殴打和脱衣。官方回应称这一事件属实，其中有 2 名涉案人员年满 14 周岁已被刑事拘留，另外 6 名涉案人员因年龄未满 14 周岁，未达到刑事责任年龄，警方已责令其家长严加管教。

......

二、分析讨论

我国高度重视校园欺凌和暴力问题，教育部等九个部门于 2016 年 11 月 1 日联合印发了《关于防治中小学生欺凌和暴力的指导意见》，要求各地建立中小学生欺凌和暴力事件及时报告制度，坚决依法惩处构成违法犯罪的学生。此外，教育部办公厅于 2021 年 1 月 20 日印发了《防范中小学生欺凌专项治理行动工作方案》，要求织牢联动网络，健全长效机制，建设平安校园、和谐校园，促进学生健康快乐成长。

（一）校园欺凌与暴力的界定

联合国教科文组织认为，校园欺凌是一种在学龄儿童中发生的、违背他人意愿的攻击行为，这种行为往往伴随着实际或认知到的权力不平衡，会在一段时间内反复发生或有反复发生的可能性。[①]2020 年，我国修订的《未成年人保护法》认为，学生欺凌是指发生在学生之间，一方蓄意或者恶意通过肢体、语言及网络等手段实施欺压、侮辱，造成另一方人身伤害、财产损失或者精神损害的行为。[②]需要注意的是，《未成年人保护法》中定义的"学生欺凌"与"校园欺凌"并非完全相同的概念。学生欺凌只是校园欺凌的一种形式。在校园欺凌中，施害者和受害者既可能是学生，也可能是教职员工，此外，还有可能是社会其他成员对上学途中的学生实施暴力。

校园暴力是指在校内外发生的，可能造成受害者身体、心理、性等方面伤害的一种攻击性行为，它的常见表现形式包括身体暴力、情感或心理

---

① 联合国教科文组织. 校园暴力与欺凌：全球现状报告［M］. 巴黎：联合国教科文组织，2017：9-48.

② 全国人民代表大会. 中华人民共和国未成年人保护法（2020 年修正）［M］. 北京：中国法制出版社，2020.

暴力、性暴力和欺凌。① 按照施害者和受害者类型，校园暴力可分为学生之间的暴力、师生之间的暴力、校外人员与校内师生之间的暴力。

校园暴力包含校园欺凌，而校园欺凌是最为常见的一种校园暴力。需要注意的是，校园欺凌的行为人并不包括校外人员；而校园暴力则有可能发生在学生之间、师生之间、校内人员与校外人员之间。校园欺凌的受害者主要是在校学生，而校园暴力的受害者既可能是学生，也可能是教师。② 无论是校园欺凌还是校园暴力都属于反社会的攻击性行为，都会对受攻击者造成严重伤害。③ 此外，校园内部和周边的暴力和欺凌对他人和社会都会带来严重危害，甚至可能导致巨大的社会和经济损失。校园欺凌和暴力对受害者和施害者的影响是长久的，给他们的社交和人际交往带来困难，如果对中小学生早期的欺凌行为不进行有效矫正，欺凌者可能会形成暴力倾向，在面临挫折和困境时常常采取极端的方式解决问题。这增加了他们参与反社会或犯罪行为、低成就、不易获得社会帮助等方面的风险，而这种风险也可能给社会带来巨大损失。一些中小学生甚至可能将暴力和攻击性行为视为成年生活中可接受的一部分，校园欺凌的未成年施害者在成年后可能仍然继续进行欺凌行为。对校园欺凌现象的忽视或未予足够重视，也可能导致其他学生对欺凌行为的效仿，进而催生出更多的欺凌者。同时，这还会影响到学校的教育环境的安全性，从而降低学校的教育质量。

（二）校园欺凌与暴力的影响因素

校园欺凌是校园生活中经常出现的主动性攻击行为，可能表现为身体

---

① 联合国教科文组织. 校园暴力与欺凌：全球现状报告［M］. 巴黎：联合国教科文组织，2017：9-48.

② 郭凌风，刘文利. 性少数群体校园暴力与欺凌的危险和保护因子［J］. 中国学校卫生，2019，40（1）：156-160.

③ 任海涛. "校园欺凌"的概念界定及其法律责任［J］. 华东师范大学学报（教育科学版），2017（2）：13-16.

欺凌、言语欺凌以及关系欺凌。校园欺凌行为形成的影响因素非常复杂，目前主要认为是由个体特征、父母的教养方式、学校因素、社会因素以及多种因素的综合作用所致。

1. 个体因素：个体因素是攻击行为或欺凌行为的一个重要影响因素。那些容易暴躁、愤怒、冲动，自我为中心，缺乏共情能力，以及对人和事物冷漠的个体，在面临挫折、挑战以及他人威胁时更容易出现攻击行为。而被攻击者或被欺凌者则具有相反的人格特征，如性格内向、低自尊且高自卑、遇事易焦虑和抑郁、不合群，以及缺乏社会支持等。个体的性别、年龄、是否抽烟等因素对攻击行为发生也有一定影响。研究发现，男性较女性更容易参与欺凌行为，而年龄较小的男性如果同时还有吸烟行为，则更容易表现出欺凌行为。

2. 家庭环境因素：家庭环境因素是导致青少年暴力攻击行为的主要因素。儿童和青少年的成长起始于对周围人的模仿，父母若经常采用暴力性的言行举止和处事方式来纠正儿童和青少年的不良行为时，他们在为了达到自己目的的过程中就更容易采取攻击行为来威胁同伴。此外，父母过于干涉和管控儿童和青少年，易导致儿童和青少年产生对立和反抗的情绪，从而促使他们遭遇不顺时更容易表现出攻击行为。缺乏安全感也是一个因素，儿童和青少年因在与同伴交往时可能表现出懦弱和退缩等行为，从而易成为被欺凌的对象。父母角色的缺失也是影响因素之一，例如长期与子女分离的父母会导致孩子缺乏安全感，容易出现孤独、焦虑的情绪，脾气暴躁易怒，从而具有更强的攻击倾向。相比之下，父母偶尔关心或者经常关心的儿童和青少年表现出更少的攻击行为。

3. 学校因素：学校因素对校园欺凌起到一定的影响。当生活在学校中的学生被老师或其他人忽视甚至受到差别对待，被同伴或团体拒绝时，他们的归属需求和关系需求会受到阻碍，难以建立和保持正常的人际关系。通常，这种校园排斥是隐蔽且不易被察觉的，但会增加个体出现焦虑、抑郁等情绪问题的可能性，对个体造成更长久的心理伤害，也增加了其表现校园欺凌和攻击等反社会行为的可能性。

当代教育评价机制存在一些弊端。学校过于重视学生的分数和成绩提升，却忽视了学生良好品德的培养，这也助长了欺凌行为的发生。作为教师，在对校园欺凌的认识上存在误解和偏见，以及对待欺凌事件的态度，会无意中助长校园欺凌的发生。不良的师生关系和同伴关系会增加学生遭受欺凌的概率。而不良朋辈关系（即不良团体）也会促使欺凌者受到团体成员恶劣行为的影响，从而采取攻击和欺凌的行为。

4.社会因素：社会因素是影响青少年校园欺凌行为发生的重要环境因素。研究发现，社交媒体中未得到严肃惩罚和谴责的暴力行为者容易成为儿童和青少年模仿学习的"榜样"，甚至被看作心中的"英雄"，从而误导他们形成攻击行为和认为暴力手段是有效解决问题的观念。此外，当儿童和青少年在玩一些网络暴力游戏时，通过以暴制暴或攻击对方的方式取胜，会无形中使他们认为武力是解决问题的最佳途径，甚至让他们变得冷酷无情、缺乏同情心。

5.各因素交互作用：攻击行为和校园欺凌并非单一因素造成，而是个体、家庭、学校以及社会等多个因素共同作用的结果。当前，对这些影响因素的研究主要集中在单一因素上，但越来越多的研究者发现校园欺凌是多个因素相互影响而导致的。

（三）案例分析

上述案例涉及校园暴力和校园欺凌，且由一个团体共同实施。校园暴力发生在与校园环境相关的情境中，包括身体暴力（躯体暴力）和情感暴力（心理暴力）。身体暴力指蓄意使用推搡、抓夺、击打、捆绑、踢踹、鞭打等肢体力量，甚至使用棍棒等武器对受害者进行伤害或残害的行为。情感暴力指同学之间发生的限制行动、诋毁、嘲弄、威胁和恐吓、歧视、排斥和其他非身体形式的敌意对待。我们提到的是在校园中发生的同伴间的暴力即学生之间的暴力行为，而未包括性暴力，如在与校园环境有关的情境中发生的性方面的嘲弄和流言、性骚扰、性侵害、强奸、性羞辱和恐吓，以及被迫观看与性相关的行为、图片、照片或网站等。现实学校生活中也可能存在教师和学生之间的暴力行为，而我们的案例中包括了校外人员与校内师生之间的暴力。此外，近年来网络欺凌发生率逐渐增高。

从前面校园暴力与校园欺凌影响因素的分析可知，本节案例亦非单方面因素造成，应该是个体、家庭、学校以及社会等多因素共同作用的结果。暴力者或欺凌者的个性特征、生理性别、信仰、态度、价值观、长期目标等会影响他们的认知、信念和社会交往。如果在学习中不能取得成就，学业负担和社会竞争可能会使心理承受能力差、不适应社会竞争的学生通过暴力手段转移压力。青少年的不良嗜好，如沉迷于电子游戏，也可能使他们为了钱财而进行校园暴力。同伴的影响加上家庭教育的缺失，在一定的环境刺激下，可能导致攻击行为的发生。此外，性格内向、低自尊且高自卑、遇事易焦虑和抑郁等负面的人格特征的学生可能限制人际交往方式、问题解决能力和社会价值观的形成。部分青少年心理脆弱、自我保护意识不强，这使得他们极易遭受校园暴力，并且他们的忍气吞声也会助长校园暴力的滋生蔓延，从而导致他们成为攻击行为和被欺负的对象。研究发现，师生关系和同伴关系越融洽，学生遭受校园欺凌的可能性就越小。

（四）干预策略

2020年底，最高人民法院根据2015年到2017年刑事一审审结案件裁判文书，统计了近3000起校园暴力案件，并发布了《校园暴力司法大数据专题报告》。报告显示，2015—2017年，故意伤害罪、抢劫罪和聚众斗殴罪占据了校园暴力案件的前三名。联合国教科文组织于2019年发布了《数据背后：终止校园暴力与欺凌》的报告，全世界对日益增长的校园暴力和欺凌，包括网络欺凌，持"零容忍"的态度，并积极寻求解决办法。

具体来说，对攻击者可以通过改善或转变个体的社会认知，提供适当的问题解决技能（如社交技巧训练、自我控制训练）矫正其攻击行为，尤其对初中生常见的行为干预方式包括言语指导、榜样示范、行为演练、结果反馈和积极强化等。对于具有高攻击倾向的青少年，可以进行移情训练和情绪管理训练。这是因为这些个体具有高反应性攻击倾向，愤怒感较强，缺乏冲动控制能力，并且情绪调节能力较差。通过这些训练，可以有效降低他们的攻击行为。个人应加强对校园暴力相关知识的学习，提高对校园暴力及其原因的认识，加强自我保护意识，以免受到校园暴力的伤害。同时，掌握识别和应对校园暴力的合理方法，能够更好地应对潜在的危险情况。

家庭干预疗法适用于年龄较小的幼儿，对青少年来说，家庭教育和学校教育应该相互配合。家长应采取合理的教养方式，尊重并关心他们，并从安全保护意识培养、法制观念建立和心理健康教育等角度进行指导。学校应构建和谐、温馨、健康的校园环境，不断完善校园管理制度，避免差别化对待学生。然而，很多老师对校园欺凌现象避而不谈或不太关注，学校也没有提供相关的培训，因此即使发现了欺凌现象，也无法有效处理。所以学校教育中应尽量避免让学生遭受校园排斥，如被拒绝、中伤、差别对待和忽视。同时，为孩子提供适时适宜的指导，倡导"零暴力"社会的技巧，并加强社会情感教育。通过减少校园排斥行为和提高教师意识与职责等方式可以减少校园欺凌的发生。然而，大部分家庭和学校缺乏关于校园欺凌的教育，导致学生不知道如何处理和寻求帮助。因此，我们可以通过设置校园排斥的团体干预方案，并运用接纳与承诺疗法，使学生掌握更多预防和应对校园暴力的技巧，从而有效减少校园排斥的发生。此外，家庭、学校以及个体联合行动也有助于共同预防攻击暴力行为和校园欺凌的发生。

随着网络技术的发展，社交媒体平台已然成为滋生网络暴力的土壤，电影、动漫和电子游戏中暴力和色情信息越来越多，一些网络暴力游戏，甚至误导儿童和青少年以武力来解决问题，严重影响学生的健康发展。在社会转型期，违反社会规范的色情文化、拜金文化、暴力文化和帮派文化等消极"亚文化"催生了扭曲和消极的价值观。而处于身心发展尚不成熟阶段的青少年学生更容易受其影响，产生极端的想法和行为，导致价值观扭曲、敌意产生，进而引发社会崇尚暴力、蔑视法律等不良风气，促使校园暴力等行为发生。校园暴力还可能使被害者产生反社会心理，并可能成为下一个施暴者，从而导致暴力行为的蔓延。

政府应与相关行政部门联合制定干预校园暴力的专项政策，并通过立法明确传达反对校园暴力的信号，为干预和打击暴力行为提供有效的法律依据。社会应创造反对校园暴力的社会氛围，减少社会传媒的不良影响。同时，社区和社会组织应为校园暴力的受害者提供帮助，搭建安全有效的求助通道，向他们提供心理关怀和专业援助等服务。

对于校园暴力和欺凌行为的干预，需要结合青少年的心理发展特点，根据角色和年龄阶段进行个体的干预和引导。

第四节　其他青少年常见的问题行为

随着我国社会的飞速发展，青少年成长的内外环境均发生了变化，青少年各类问题行为呈增长趋势，其危害也逐渐引起了社会各界的重视。

一、案例

【案例1】

A某，女，15岁，现就读于某普通中学初中三年级。A某身高1.6米左右，体形中等，衣着休闲，表情漠然，父母带着她来到咨询室。

三天前，A某在与家人发生了矛盾冲突后，产生了离家的想法，和网友交流后购买了一张本地到网友所在外省地的火车票准备去见面。家人报警后，民警帮忙寻找，并查到了她购买的车票，立即联系乘警，乘警在列车车厢找到了 A。随后，父亲赶到异地车站，将 A 接回家中。

家人反映，A 某正面临中考，面临巨大的压力，学校老师称 A 某上课注意力不集中，经常与同学发生冲突，作业敷衍潦草。母亲也感觉到孩子的状态不对，A 某每天晚上都过度使用手机和上网，借口查资料或写作业，有时甚至玩游戏。尽管母亲要求她完成作业后再玩，但孩子总是不听从。近期，A 某经常莫名其妙地发脾气，觉得母亲管得太多、啰里啰嗦，一听就烦。母亲总是想着以此引导、催促她，并讲述各种道理，但都没有任何效果。孩子仍然我行我素。因此，母女经常发生争吵。本学期，A 某的成绩大幅下降，从上学期的班级前十几名跌至本次期中考试的后十名。最终，由于母亲摔坏孩子的手机，导致母女之间的冲突升级，A 某离家出走。

A 某是家中老大，还有一个正在上幼儿园的 5 岁弟弟，平时姐弟之间关系融洽。父母对两个孩子并没有明显偏爱。父母是个体商户，经营小本生意。A 某从小与母亲关系密切，性格倔强。朋友并不多，通常有 3—5 个经常来往的朋友。母亲在给 A 某教育投资方面毫不吝啬，对 A 某寄予了很高的期望。然而，母亲文化程度有限，高中毕业。平时对她的学习要求并不严格，只要回家先完成作业，考试成绩较好就可以。初中以来，A 某的学习成绩一直保持在班级前三分之一的水平，但自从本学期期中考试成绩不理想后，母女之间经常发生争吵。之后，A 某的情绪很差，甚至不怎么理会弟弟。由于父亲忙于工作，早出晚归，孩子的管教主要由母亲负责，父亲基本上没有参与母女之间的争端。

【案例2】

B 某，男，17 岁，现就读于某中学高中二年级。身高 1.75 米左右，体形偏瘦，体态正常，衣着新潮，言辞随意，漫不经心。B 某因学习成绩差，频繁撒谎和逃学，被家长强制带来进行咨询。

B 某就读于一所本地较差的中学，中考成绩一般，高中考入该校，高一成绩处于班级中等水平。父母希望他努力学习，争取进入一个二本学校，因此为他报了许多补习班，几乎占满了每周的周末时间。半年前的一天，母亲突然接到老师的电话，告知孩子缺课且询问未请假的原因，母亲也不知道他去了哪里。当天回到家后，母亲问他，他称和同学一起出去游玩以放松心情。之后，母亲每天亲自将他送到校门口，但不久又接到几次老师的电话，称B某未到校上课。每次回家后，B某都会称是同学拉他出去玩。与此同时，母亲也发觉B某在家学习时不专心，作业要么无法完成，要么只做其中的三门。老师也经常反映这些问题，但孩子总说作业太多，无法按时完成。过去，他喜欢阅读，但最近的阅读频率大大降低。他和最好的朋友常常外出一起玩，有几次想去对方家里住宿，但母亲不允许。然而，三个月前他夜不归宿，当天多次说即将回来，最后干脆关机，让母亲找不到他，于是母亲联系了朋友的家长，但对方也未能找到孩子。直到天亮他自己回来，他称是在另一个朋友家的空房里打游戏过了一夜。之后，逃学行为变得更加频繁，每周总有1—2天逃课，无论是老师还是家长都看不住，夜不归宿的现象时有发生。父亲为此不断责骂甚至动手打孩子，但未见成效。母亲了解到，B某和他最要好的朋友有时会去酒吧，有时也会住在旅馆里。他对学业没有热情，认为自己可以找兼职工作，并且现在偶尔也能挣到一些钱。家人担心他会发生意外，希望通过心理咨询帮助他改变，虽然时间不足1年，即使能考上一个大专学校也是令人满意的。

B某是独生子，父亲是一位经常出差的事业单位中层领导，而母亲则是一名在私企工作且工作不算繁忙的会计，日常生活方面，B某的基本生活都由母亲负责。从小，B某就展现出了自立自强的特点，思维活跃，同时还有着广泛的兴趣爱好。父母对他寄予厚望，并愿意投资他的教育。然而，B某在高中阶段的成绩一般，这使得母亲认为他自己可能觉得即使在这所"烂学校"里努力也没有什么前途。此外，他身边的好朋友大多数学习成绩并不好，这对他产生了负面影响。母亲说父亲脾气暴躁，平时不在家，和孩子沟通不畅一有事就会打骂。B某恐惧父亲，什么也不愿意和他说；和母亲以前还能说说心里话，现在因为逃学的事，也不愿意和母亲交流，而且学会撒谎了，很多关于他逃学在外面的事是听朋友母亲说的。

【案例3】

小 D，15 岁小镇男孩，生活在离异家庭。父母在他上小学五年级时离婚，母亲远走他乡，抚养权给了父亲，但父亲常年在外打工，对自己的孩子漠不关心。小 D 与爷爷奶奶一起生活，但爷爷奶奶缺乏文化修养，对他疏于管教。小 D 性格孤僻，性格倔强，少与同学来往，学习成绩较差。因家庭生活条件不好，小 D 从小学阶段就出现过偷窃行为，主要是偷同班同学的零花钱、食物和学习用品等，很少被人发现，但也经常受到怀疑。小 D 进入初中后与他的同桌，也是一个成绩不好的男生形影不离，两个人彼此理解并经常一起进行偷窃行为，曾因盗窃学校小超市的物品被人发现并通报家长，由此更加受到同学的孤立。随后，他经常逃学甚至辍学，与不良青年结交并混迹于社会，开启了盗窃之路，从偷同学和老师的手机到偷摩托车，最终因为团伙盗窃案被抓获。

二、分析讨论

（一）问题行为的界定

1. 问题行为（problem behavior）

问题行为是指违反社会公认的正常儿童和青少年行为规范、道德标准，以及在情绪或社会适应方面表现不成熟的行为。青春期是一个敏感脆弱的时期，也是各种问题行为高发的时期。目前国内称之为行为问题，国外则称为问题行为，实际上两者意义相同，均指青少年违反法律规范、公序良俗或社会期待的行为，也包括青少年可能出现的情绪困扰、认知失调或行为障碍。虽然关于问题行为的概念尚未达成共识，但其具体表现形式有很大的重合。综合来看，青少年的问题行为主要表现为抑郁、焦虑、自卑等情绪困扰，或者包括逃学、离家出走、网瘾、暴力、攻击行为、吸烟、饮酒等行为问题，这些行为对青少年自身或他人的安全与发展都存在危害。

2. 问题行为的研究

问题行为（Problem behavior）又称为行为偏差、行为困扰、行为障碍等外国研究者把问题行为称为危险行为、冒险行为等。美国心理学家威克曼（Wickman）于 1928 年第一次对儿童问题行为进行研究。目前尚无统一的界定问题行为的概念与标准。[1]

我国学者对问题行为的研究始于 20 世纪 50 年代。从最初的品德不良行为或过失行为开始，再结合我国的实际情况，到 20 世纪 90 年代以后，明确了问题行为的概念，并逐渐认识到中国青少年问题行为往往以"综合征"的形式呈现，与早期研究局限于某个单一行为的观点不同，现在对于问题行为的研究范围不断扩大。国内学者路琦总结前人的表述，指出问题行为有以下共同特性[2]：（1）行为表现，显著不同于同龄正常人的行为并伴随着不良的情绪反应和躯体症状；（2）行为效果，对自己和他人的生活产生消极影响，难以被人们接受；（3）行为发展，违反社会和文化的要求，不符合社会规范和教育的期望。

（二）问题行为的影响因素

本书所指的青少年时期特指 12~18 岁的年龄段，即孩子上中学的阶段。中学生正处于心理发展和人格塑造的关键时期，是儿童向成人过渡的重要时期，此时青少年的身心面临巨大变化。影响他们行为问题的主要因素：

1. 生理、心理上的发展变化：12~15 岁是生理、心理上急剧变化的关

---

① 刘伟伟. 感知父母冲突、安全感、学校联结与初中生问题行为的关系研究［D］. 牡丹江：牡丹江师范学院，2022.

② 路琦. 青少年问题行为研究［M］. 北京：社会科学文献出版社，2020.

键时期，青少年正处于一个人生的过渡时期：生长发育迅速并逐渐达到成熟，而心理发展落后于生理的发展，这导致初中生在身心发展上出现矛盾并面临一些心理危机。当青少年适应生理上的变化，解决了与心理发展上的矛盾时，情绪相对平稳，自我初步确立，意味着初中阶段过渡期的结束。

2. 自我意识高涨：随着经济的转型、生活的发展以及互联网的冲击，青少年感受到诸多的心理冲突和压力。当代社会的多元、多变、多样化，发展极为不平衡，而伴随青少年自我意识的发展，他们产生了强烈的独立意识，自我中心，不轻易接受成人的意见，挑战权威，思维和行为容易偏激。

3. 情绪情感的发展：青少年初中开始就有强烈的成人感，这种意识导致他们常处于一种与成人相抵触的情绪状态中。到高中阶段，生理和心理上都已基本成熟，思维更加活跃，处在选择未来学业和生活道路的十字路口。然而，个人常常无法承担责任和后果，导致许多矛盾的出现，在情绪、性格和行为方面也会出现偏差。

4. 人际交往影响：11、12岁的孩子进入中学，开始寻求同伴关系，他们喜欢交友，重视朋友之间的亲近感。同伴影响日益显现，俗话说"近墨者黑"，青少年如果交友不慎可能会因从众心理造成从众行为。不良伙伴或团伙的影响导致他们出现一些问题行为。

（三）案例分析

【案例1】

结合问题行为的影响因素分析，A某离家出走的主要原因是多方面的：初三面临中考，成绩下降厉害；母女之间冲突升级，手机被摔坏；父母对A某期望高，虽然经济一般但对教育投资大方，导致压力大；而且A某家庭有两个孩子，咨询中发现A某有时也嫉妒弟弟，担心父母不能像以前那样爱自己；此外，为缓解压力，A某最近经常上网，在网友的关心中找到安慰；由于情绪低落，对学习兴趣减弱。在家庭、学校和社会的综合作用下，

A 某没有得到足够的关心和体贴，承受了太多的焦虑和压力，沉迷于互联网文化，最终，她离家出走。应试教育体制下，出走的学生表面上是"离家"，实际上也是"离校"，远离他们不喜欢的学校生活。

离家出走是个体、家庭、学校以及社会环境等多种因素交织作用下的不良行为，这种情况常发生在 8~18 岁的未成年人中，尤其在青少年时期。青少年离家出走是全球范围内普遍存在的现象，它对个人构成危险，给家庭带来困扰和痛苦，给学校管理增加难度，同时也可能成为社会的不稳定隐患。

【案例 2】

B 某逃学的主要原因是多方面的：高二距离高考时间越来越近，但他的学习成绩差，导致他对学习失去了动力和热情，频繁逃课；老师和父母对他的管理非常严格，所以他经常撒谎、夜不归宿，希望逃避惩罚；父母之间的沟通无效，只能不断责骂甚至动手打他，但这样做无济于事，反而加重了家庭的疏离；与此同时，B 某的同伴对他产生了不利影响，一起追求享乐，沉溺于社交活动和娱乐中。现代社会的娱乐设施越来越多样化，电影、电子游戏机、桌球等都对青少年产生强大的吸引力。逃学成为 B 某缓解境况的一种手段，他想通过退学来逃避高考。

在现实生活中，青少年一方面受到新鲜事物的诱惑，另一方面又被传统的社会道德规范所约束，无法正确处理传统观念和后现代主义之间的矛盾。再加上青少年时期特有的心理和生理特质，青少年往往会感到困惑，发生冲突和对抗，处于进退维谷的境况之中。最终，这些因素导致青少年的一些行为出现了偏差。

说谎是指"通过言语或非言语的形式，有意地隐瞒、伪造或以其他任何形式操纵有关事实或情绪的信息，以诱导他人形成或维持一种沟通者本人认为是假的信念，无论成功与否，均可被视作说谎"。说谎是一种复杂的行为，需要认知、情绪和意志等过程的综合参与，也会因个体和情境的不同在性别、年龄、个性等方面表现出差异。说谎主要是为了欺骗别人或者为了保护自己或者是为了包庇别人。14~16岁的孩子特别喜欢说谎，在18岁以后才开始学会与成年人坦诚地沟通。

【案例3】

D某从小父母离异，随祖父母生活，祖父母没什么文化，存在代沟且对他疏于管教，甚至不知道他每天在做什么。在校学习成绩较差，学校也没有给予更多关注，同学疏离，受到歧视，自尊心低。在生理和心理上都面临困境，不能正视自己的现实生活。又因家庭生活条件不好，思想存在一些偏差，从小学就出现偷东西现象，逐渐加剧，这是不成熟的表现。后来找到了志同道合的伙伴，最终一起走向犯罪道路。

我们可以看到，青少年好奇心重，模仿性强，但自我控制能力差，容易受到网络和媒体的影响，对社会的认知能力和辨别是非能力较弱，经常被不法分子利用，结果小D与同伴放弃了学业，追求物质欲望，效仿大盗，进而危害了社会。

（四）干预策略

由于青少年的自我意识增强，他们不断寻求人格独立，行为举止标新立异，对传统的社会秩序和道德规范没有形成正确的认知，缺乏对社会主流文化的认同，容易产生错误的思想和行为方式。

1. 个人层面

针对不良个性特征，如内向、孤僻、偏激、倔强，自尊心强、心理敏感而脆弱，自我中心和缺乏移情能力，抗挫折能力和适应能力较弱，情绪自控能力不足，认知偏向片面消极，渴望刺激，易冲动、不理智、敢冒险，常出现说谎、逃学等行为问题。我们需要改变青少年的不良性格特征，从塑造正确的价值观开始，加强对他们的心理健康教育，并在必要时寻求专业帮助。

2. 家庭层面

家长应当尊重孩子表达自我需要的权利，避免过度控制和否定孩子，帮助他们独立地面对外部世界。

父母应当鼓励和支持孩子的想法，并在实践中对他们抱有信心，以此帮助孩子提升信心。

教导孩子学会时间管理，提高自我控制能力。

要营造民主平等、和谐温暖的家庭氛围，努力改变不恰当的家庭教养方式。

3. 学校层面

学校在青少年教育中扮演着主导角色。然而，学生常常局限于狭小的生活空间，只注重分数和考试，对于学习的艰辛过程看得更多，却失去了学习的乐趣。尤其是那些成绩较差的孩子似乎找不到出路，宁愿选择自暴自弃，以逃避学习带来的压力，换取片刻的轻松和自由。

学校需要转变教育理念，不仅仅传授知识，给孩子学业教育，更要育人，要将有关法律、品德教育、心理健康的知识融入课堂教学，教会孩子做人，学习各种本领，不以成绩论英雄，使学生在学习知识的过程中，不断提升自己，健全人格，学会对自己负责。

学校还应净化校园环境，避免不良社会风气对学生产生不良影响，丰富校园文化活动，让每个孩子都能找到自己的存在价值，成为自食其力、有用于社会的公民。

4. 社会层面

在当前市场经济的新形势下，家庭和学校缺乏正确的引导，学生很难树立正确的世界观、价值观和人生观。受到社会大环境的影响，他们容易被不良社会侵蚀，缺乏责任感和义务感。青少年是社会焦虑和压力的薄弱环节。随着科技的不断进步，信息时代给人们的生活带来便利的同时，也存在一些不健康的内容，对青少年的心灵造成一定的影响。净化社会环境是全社会共同的责任，政府、社区、学校、家庭和社会应加强合作，促进青少年的健康成长。

第五节　青少年问题行为的防控

随着经济的转型、科技的进步以及互联网的发展，当代社会多元、多变、多样化的冲击，社会发展的不平衡。青少年在成长过程中面临着诸多心理冲突和压力，而他们的心理发展速度远远赶不上生理的发展。随着自我意识的增强，青少年在情绪、性格和行为方面可能出现一些偏差。如何通过社会、学校和家庭共同干预和矫正青少年的心理行为问题，并优化青少年的成长环境，预防孩子们出现问题行为，以及在问题行为出现时进行科学的指导和干预，这关系到青少年的生命安全和未来发展。

一、社会变革

社会因素包括社会制度、经济状况、科学技术水平、社会阶级阶层差别、传统习俗和伦理道德观念等会对青少年心理产生影响。社会的发展变化带来了生活方式和价值取向的改变，各种矛盾在社会中存在，对人们的心理健康造成影响，也加剧了青少年所面临的心理冲突。

面对青少年问题行为的增加，我国于 2021 年制定了法律法规，规定学校、家庭和社会组织在保护未成年人心理健康方面应尽的职责，心理学家和社会工作者应该向青少年提供相应的社会心理服务，以促进他们的健康成长，改善他们的心理状态。全社会要重视青少年问题行为的根源，各个层面的制度和管理规定都应从保护未成年人健康成长的角度出发，如限制未成年人进入不适宜的场所，发挥新媒体舆论平台的作用，引导青少年明辨是非，追求真善美，建立健全社会支持网络，扩大社会心理服务的工作范围和内容，尽可能帮助有需要的青少年。

我们应警惕青少年严重违背社会公德的不良行为，预防未成年犯罪。社会既要给予青少年宽容，又要建立严格的矫治制度，通过积极的社会支持，帮助青少年学习积极的应对技能和情绪管理方法，有助于解决他们的心理健康问题。研究表明，青少年发展性团体治疗、个体认知行为治疗（CBT）和青少年的辩证行为治疗（DBT）在减少自伤行为方面起到了积极的作用。认知行为治疗（CBT）和问题解决治疗是目前最常被使用的干预自伤行为的方法。

二、学校教育创新

我国中小学基础教育系统越来越重视心理健康工作，国家 17 个部委发文提出五育并举促进心理健康，即以德育心、以智慧心、以体强心、以美润心、以劳健心。心理健康教育是体系化、协同化和前置性的工作，具备科学性且是一个系统的生态工程。

1. 提升青少年的心理弹性

青少年阶段是人格形成和心理发展的重要时期，具有很大的可塑性。中国科学院心理研究所于 2020 年 9 月—2021 年 7 月在北京市的学校开展了"中小学生积极心理品质培养"工作，并与社会科学文献出版社联合发布了《以"心理韧性"课程提升中小学生抗挫折能力》报告。该报告认为通过以下举措可以提升学生的心理韧性：（1）在中小学阶段适时开展《心理韧性》等积极心理品质培养课程；（2）加强对积极心理品质课程师资的培养和督导；（3）学校要加强对心理健康教育课程实施的保障，并建立健全相关的管理、考核与激励机制；（4）加强对优秀学生成长个案的宣传示范举措，学生在抗挫折能力、心理健康、社会交往等方面的心理指标在实验前后有明显变化。

学校要重视孩子理想信念价值观的培养，德智体美劳全面发展，改变只重视分数、片面追求学习成绩，提升青少年的心理弹性，增强抗压能力。

2. 采取积极有效的措施

学校应加强教育管理工作，坚决避免问题行为对青少年的影响，如我国《预防未成年人犯罪法》和《未成年人保护法》都规定了未成年人的父母或者其他监护人和学校应当教育未成年人不得吸烟、酗酒；中小学生违反校纪校规如旷课时，应当及时与其父母或其他监护人取得联系，进一步了解旷课的原因；以上均须做好相应的教育工作，切实解决中小学生学校教育的问题，防患于未然。

学校是培养国家栋梁之材的地方，学校的校风学风、师生情感和同学关系等方面直接影响着学生的心理发展。学校在注重教育条件和生活条件建设的同时，校园文化建设也应贯彻在教育的全过程中。应试教育如何转向素质教育，改变学习负担过重的现状是需要管理者、教育者认真思考的现实课题。同时，教师的心理健康水平也会影响学生的心理状态。学校应通过讲座、座谈、学习、培训、参观等方式加强对教师品行的教育和管理，以使每一位教师真正掌握青少年的心理特征，掌握心理教育的方法和技术，从而能够更好地教育、引导和影响学生。避免因不恰当的教育方法和与学生对立的情况导致学生心理压抑，否则可能会出现缺乏及时调适，导致心理失调，甚至引发各种心理障碍的问题。

3. 心理预防体系的构建

学校将心理健康教育课程视为与语文、数学等学科同等重要的必修课程，并且真正让心理课堂在帮助学生进行心理调适和人格塑造方面发挥应有的作用。通过心理课堂，学生能够学会简单的心理应对方法和技巧，并能在需要帮助时主动求助心理咨询老师。此外，学校应当重视心理危机干预体系的建设。中国特色的心理危机干预体系由心理普查、心理健康课程、班主任心理辅导和老师人工筛查等多个部分组成，三级预防体系有助于减少危机对青少年心理带来的创伤。

三、家庭教育回归

1. 父母教养方式的转变

父母的教养方式直接影响子女的健康成长，溺爱、专制、过度施压的父母，放任自流式的教养方式，以及简单粗暴型的教育方式，都可能导致孩子为了追求心理上的慰藉而学会撒谎或沉迷于网络，甚至为了摆脱父母的控制而离家出走。如果不慎结交坏人，必然会出现各种不良行为。家庭环境对个体的个性发展产生很大的影响，如果孩子不能在家庭中获得温暖，甚至经常受到虐待、忽视和体罚等，那么孩子更容易参与欺凌行为或者卷入欺凌事件之中。营造和谐的家庭氛围对孩子的成长具有重要影响。

刘丹丹指出，在众多影响青少年问题行为的因素中，家庭环境是最先接触并一直对青少年产生影响的因素。婚姻质量和协同教养作为家庭系统中的两个重要部分，对青少年的行为具有重要影响。由于人口老龄化现象日益严重，越来越多的祖父母参与到孙辈的教育中，隔代教养对青少年问题行为的出现产生着不可忽视的影响。郭伟桐 2019 年研究山东省青少年行为问题时，发现 12~16 岁的青少年检出率为 14.97%，女孩和低年龄段青少年行为问题更加突出，同时家庭经济状况较差以及非父母照看的青少年更容易出现行为问题，需要重点关注。

2. 建立安全亲密的亲子依恋

父母关系的不和谐会对青少年的身心健康发展产生负面影响，这种不和谐会给青少年树立一个负面的学习榜样，还会导致糟糕的亲子关系，减弱青少年对家庭的依附感，使他们寻求来自家庭之外的关爱和温暖，容易出现青少年不良行为。一旦受到不良因素的引诱，青少年可能产生偏差行为甚至走上犯罪道路。许多父母未能给予孩子足够的情感支持，常常无法畅通沟通，并试图控制和改变孩子的思想和行为。然而，这种束缚使孩子感到窒息。因此，当孩子说"不关你的事"时，父母应该反省自己：是否对他缺乏尊重，是否将他逼得太紧。父母和孩子之间应该保持一定的"界限"，即行为界限和心理界限。父母不应妄图阻拦孩子的一切事情，只要不违背原则，应当以旁观者的身份存在，这就是行为界限。允许孩子保留自己的秘密，可以选择告诉父母，也可以选择隐藏。尊重孩子的人格，尊重他的隐私，让他做一些决定。家长只有明白这一点，才能与青少年成为朋友，在孩子的成长和发展中起到推动的作用。

3. 帮助孩子树立积极信念

加强家庭在孩子成长中的作用，不要把孩子的教育完全寄托于社会、学校和老师，家长应给予孩子足够的支持，注重言传身教，培养青少年的心理适应能力，帮助孩子学会情绪管理，引导青少年客观、积极地面对压力，提高他们的心理韧性品质。

我国《家庭教育促进法》的颁布，明确了父母在子女教育中的责任和义务。目前存在许多家庭教育的误区，例如缺失的父爱和焦虑的母亲。父母在青少年的心理健康方面承担着不同的作用。一方面，父母不能缺席孩子的成长；另一方面，他们必须时刻警惕青少年在模仿成人行为过程中产生不良行为乃至犯罪的风险，避免不良行为如赌博、酗酒、盗窃、卖淫嫖娼等带来的负面影响。家庭结构的变化，如单亲家庭或重组家庭中的青少年，可能会因为缺少家庭的关怀而没有足够的安全感或者产生自卑心理，导致青少年从其他地方寻找归属感和认同感，进而产生偏差行为。

四、个人方面

青少年的生理方面的遗传和营养因素为心理健康奠定了基础，但早期经历、个性特征和思维认知方式等对青少年的心理健康具有决定性的影响。

个人的出身无法选择，社会环境也无从逃避，但是在"物竞天择，适者生存"的过程中，青少年必须意识到自己对自己的成长发展负有责任。

青少年普遍存在心智不成熟、辨别是非能力不强、无知、侥幸心理、虚荣和从众等特点，他们还不能很好地抵制社会中的不良诱惑，情绪控制能力相对较弱，容易出现问题行为。有行为问题的青少年与无行为问题的青少年相比，在活动能力、社交能力和学习能力方面都相对较弱。帮助青少年通过书籍学习、实践体验来认识自己，健全人格，树立正确的价值观念。

由于家庭结构不合理，学校教育不到位，留守青少年这一弱势群体相比其他青少年更容易出现心理行为问题。这些问题不仅不利于留守青少年自身的健康成长，还严重影响学校正常教学活动的开展和社会秩序的稳定发展，为社会主义和谐社会的构建带来阻碍。留守青少年问题日益引起各方关注和政府的高度重视，成为当前亟待解决的社会问题。

对有问题行为的青少年，应从他们自身、家庭、学校以及社会等多个层面分析造成偏差的原因，帮助他们全面找出阻碍健康成长的深层次原因，并积极寻求专业人士的帮助，通过设计个案介入方案、小组活动和心理咨询等手段改善偏差行为对青少年的影响。

五、多方协同共育

习近平总书记在 2021 年的"两会"发言中指出："教育，无论学校教育还是家庭教育，都不能过于注重分数。分数是一时之得，要从一生的成长目标来看。如果最后没有形成健康成熟的人格，那是不合格的。"[①]总书记的讲话从战略高度阐明了培养学生健康人格的重要性，是当前和今后引导学生正确看待学习成绩、促进家校加强心理品质建设的纲领和指南。

当前的市场经济和媒体存在不良诱导，青少年普遍出现拜金和偶像崇

---

① 我们来共同关心这些教育问题［N］．人民日报，2021-3-7.

拜现象，导致价值导向失衡，学业压力巨大，青少年出现两极分化现象，要么过于关注学习，要么盲从追求享乐。净化社会环境是全社会共同的责任，各方努力和合作才能为青少年营造轻松和谐的学习生活环境。

通过加强家校联系，从家庭教育角度入手，努力实现顺畅沟通，帮助父母与青少年建立良好的依恋关系，着力降低青少年负面生活事件的发生。一旦发现青少年出现问题行为，及时进行干预。同时，家长应定期与学校和老师保持联系，及时向他们反映孩子的情况，双方合作尽早遏制问题行为的萌芽，并持续发现和解决问题，共同为孩子的心理健康保驾护航。只有学校教育和家庭教育互相配合、互相支持，才能促进学生健康全面发展。国家、学校、家庭、学生个人既要互相配合，又要充分发挥各自的职能和主体作用。

参考文献

一、论著

（一）英文论著

［1］Brehm S S, Brehm J W. *Psychological reactance: a theory of freedom and control*[M]. New York: Academic Press, 1981: 1.

［2］Casad B J, Bryant W J. *The SAGE encyclopedia of psychology and gender*[M]. Sage publications, 2017.

（二）中文论著

［1］［美］威廉·L. 雅博，芭芭拉·W. 萨亚德，布莱恩·斯特朗，等. 认识性学［M］. 爱白文化教育中心，译. 北京：世界图书出版公司，2012.

［2］杜亚松. 儿童心理障碍诊疗学［M］. 北京：人民卫生出版社，2013.

［3］傅海虹，等. 社会医学概论［M］. 呼和浩特：内蒙古大学出版社，2021.

［4］［加］戈登. 诺伊费尔德，加博尔·马泰. 每个孩子都需要被看见：

0—18岁，给孩子一个更好的原生家庭［M］. 武志红，崔燕飞，译编. 北京联合出版公司，2019.

［5］郭兰婷，郑毅. 儿童少年精神病学［M］. 第2版. 北京：人民卫生出版社，2020.

［6］郭延庆. 应用行为分析与儿童行为管理［M］. 北京：华夏出版社有限公司，2023.

［7］慧杰. 青少年叛逆心理学［M］. 北京：当代中国出版社，2019.

［8］金盛华. 社会心理学［M］. 北京：高等教育出版社. 2005（10）：343.

［9］李进宏. 当代大学生心理解读［M］. 武汉：武汉理工大学出版社，2003.

［10］李石华. 青少年最想问的60个心理问题（最新珍藏版）［M］. 北京：金城出版社，2009.

［11］李雪荣，苏林雁. 儿童少年精神病学［M］. 湖南：湖南科学技术出版社，2014.

［12］李争平，王爱莲. 青少年心理健康测试治疗与调适［M］. 北京：京华出版社，2007.

［13］梁宁建. 普通心理学［M］. 北京：开明出版社，2012.

［14］刘亮. 父母做这9件事，孩子从厌学变爱学［M］. 北京：中国妇女出版社，2020.

［15］刘启珍. 中学儿童家庭教育指导［M］. 武汉：华中科技大学出版社，2014：24.

［16］刘晓明. 学校心理咨询百科全书·方法卷［M］. 长春：吉林人民出版社，2000.

［17］卢西亚. 罗莫，斯蒂芬妮. 比乌拉克，劳伦斯. 科恩，等. 青少年电子游戏与网络成瘾［M］. 葛金玲，译. 上海：上海社会科学院出版社，2020.

［18］陆林. 沈渔邨精神病学［M］. 第 6 版. 北京：人民卫生出版社，
　　　 2017.

［19］马利琴. 叛逆期孩子的正面管教［M］. 北京：中华工商联合出版社，
　　　 2019.

［20］马莹，发展心理学［M］. 第 3 版. 北京：人民卫生出版社，2018.

［21］孟馥，姚玉红，刘亮，等. 从出生到独立：写给父母的养育心理学
　　　 ［M］. 北京：人民邮电出版社，2021.

［22］世界卫生组织. ICD-10 精神与行为障碍分类［M］. 北京：人民卫
　　　 生出版社，1993.

［23］尹可丽，高松，高飞. 心理学基础［M］. 北京：高等教育出版社，
　　　 2018.

［24］郑毅，柯晓燕. 陶国泰儿童少年精神医学［M］. 南京：江苏凤凰
　　　 科学技术出版社，2023.

［25］郑毅，刘靖. 中国注意缺陷多动障碍防治指南（第二版）［M］. 北京：
　　　 中华医学电子音像出版社，2015.

［26］朱智贤. 心理学大词典［M］. 浙江：浙江教育出版社，1986：366.

二、期刊论文

（一）英文期刊论文

［1］Steibel C A, Dond E T. Personality characteristics associated psychological
　　 reactance[J]. *Journal of Clinical psychology,* 2001, 57(7): 963-969.

［2］Qu D, Wen X, Liu B, et al. Non-suicidal self-injury in Chinese population:
　　 a scoping review of prevalence, method, risk factors and preventive
　　 interventions[J]. *The Lancet Regional Health-Western Pacific*, 2023.

（二）中文期刊论文

[1] 安妍. 中学生逆反心理的表现及疏导策略 [J]. 科学技术创新, 2010 (18): 150.

[2] 甘世梅. 青少年逆反心理的类型和对策探究 [J]. 考试周刊, 2019 (34): 1.

[3] 何毅亭. 关于《中华人民共和国家庭教育法（草案）》的说明——2021 年 1 月 20 日在第十三届全国人民代表大会常务委员会第二十五次会议上 [J]. 中华人民共和国全国人民代表大会常务委员会公报, 2021, 354 (7): 1279–1281.

[4] 胡群英, 谢秀东. 中学生心理健康状况与家庭氛围的关系 [J]. 赣南医学院学报, 2011, 31 (4): 567–568.

[5] 贾雪瑜, 王婷婷, 王春霞. 非自杀性自伤行为与心理行为问题的研究进展 [J]. 神经疾病与精神卫生, 2023, 23 (1): 2–6.

[6] 江莹. 父母教养方式对流动青少年外化行为问题的影响 [J]. 中小学心理健康教育, 2021 (9): 22–26.

[7] 金红昊, 杨钋. 青少年恋爱行为的同伴效应研究 [J]. 北京大学教育评论, 2021, 19 (2): 64–83, 189.

[8] 金叶, 刘阿恒, 叶存春. 从个案分析探讨不同父母教养方式对中学生网络成瘾的影响 [J]. 心理月刊, 2022, 17 (3): 211–213.

[9] 李兆源. 有关青春期性心理萌动的新认识 [J]. 当代青年研究, 1989 (4): 38–40.

[10] 刘录护. 城市青少年的逃学与拒学研究：一个群体社会化的解释框架——以广州市的个案研究为例 [J]. 青年研究, 2012 (6): 1–12, 92.

[11] 娄雪. 试论同辈群体对青少年的影响 [J]. 青年与社会 (下), 2013 (11): 1.

［12］任积荣．浅析中学生逆反心理的成因及对策［J］．中国校外教育，2010（S2）：1．

［13］施旖旎．早恋的话语空间研究：1979—2015［J］．中国青年研究，2016（9）：44-49．

［14］天津市教科院《少年亲子关系与教育》课题组，孟育群．关于亲子关系对少年问题行为及人格特征的影响的研究［J］．教育论丛，1992，15（3）：24-37．

［15］田菲菲，田录梅．亲子关系、朋友关系影响问题行为的3种模型［J］．心理科学进展，2014，22（6）：968-976．

［16］吴震．青少年逆反心理的表现、成因与教育［J］．安徽警官职业学院学报，2019，18（2）：116-118．

［17］徐峰．中学生逆反心理的表现成因及对策[J].学校党建与思想教育：中，2012（3）：2．

［18］姚茹叶．青少年逆反心理的表现、成因及疏导［J］．卫生职业教育，2013（20）：147-149．

［19］游思宇．青少年网络成瘾问题及其社会工作个案干预——以网瘾青少年苏某为例［J］．法制博览，2019（23）：279-280．

［20］袁之敏．初中青春萌动期教育研究［J］．中国教育学刊，1990（4）：59-61．

［21］张朝琼．析"早恋"的心理特征及疏导对策[J].贵州师范大学学报（社会科学版），2005（4）：122-124．

［22］章恩友，陈胜．中小学校园欺凌现象的心理学思考［J］．中国教育学刊，2016（11）：13-17．

［23］赵雪．高中生性心理健康影响因素及对策分析［J］．长春教育学院学报，2012，28（2）：2．

［24］周文娟，翟刚学．家庭教育法的逻辑起点[J].首都师范大学学报（社会科学版），2021，262（5）：13-15．

[25] 高一茜. 家庭教养方式与青少年问题行为的关系——中国、马来西亚的对比研究 [D]. 太原：山西大学，2019.

[26] 谷雨. 初中生感知父母婚姻冲突与生命意义感的关系 [D]. 南京：南京师范大学，2021.

[27] 郭伟桐. 山东省 12—16 岁青少年行为问题及社会能力流行病学调查 [D]. 济南：山东大学，2020.

[28] 郝若平. 家校合作：亲师互动对学生学习品质与心理健康的影响 [D]. 北京：北京师范大学，2007.

[29] 李燕. 亲子关系的教育哲学分析 [D]. 苏州：苏州大学，2005.

[30] 刘丹丹. 父母婚姻质量、协同教养与青少年问题行为的关系研究 [D]. 太原：山西大学，2018.

[31] 罗元. 初中生叛逆心理初步探究及应对策略 [D]. 四川：四川师范大学，2013.

[32] 谭玥. 网络游戏互动方式对初中生同伴关系及亲社会行为的影响 [D]. 南宁：广西民族大学，2020.

[33] 童小婷. 高中生青春期性心理状况调查及性健康教育策略研究——以兰大附中为例 [D]. 武汉：华中师范大学，2018.

[34] 王美萍. 亲子关系与青少年社会适应的联系：遗传与环境的影响 [D]. 济南：山东师范大学，2010.

[35] 邢晓沛. 父母体罚的变化趋势、影响因素及与儿童青少年问题行为的关系 [D]. 济南：山东师范大学，2013.

[36] 杨逸群. 青少年早中期男女生的抑郁症状 [D]. 济南：山东师范大学，2020.

[37] 尹霞云. 儿童与父亲的关系：影响因素及儿童的心理适应 [D]. 长沙：中南大学，2012.

[38] 张玲玲. 青少年未来取向的发展与家庭、同伴因素的关系 [D]. 济南：山东师范大学，2008.